D1922834

Check 32

Abrechnungswesen für Zahnmedizinische Fachangestellte

Arbeitsheft

mit komplexen Abrechnungsfällen und Lösungen

von
Judith Gimmler
Robert Klinkner

westermann

Inhaltsverzeichnis

Fall 1

Erfassen Sie diesen Fall für folgenden Patienten:

Benjamin Blum, geb. am 03.12.1963, wohnhaft im Heidengarten 24, 66787 Wadgassen

1. Herr Blum ist **Kassenpatient;** wählen Sie eine Krankenkasse Ihres KZV-Bereiches.
   - Rechnen Sie handschriftlich ab, z. B. auf Erfassungsschein.
   - Rechnen Sie mithilfe eines Abrechnungsprogramms ab.
2. Herr Blum ist **Privatpatient.**
   - Liquidieren Sie handschriftlich.
   - Liquidieren Sie mithilfe eines Abrechnungsprogramms.

Datum	Zähne	erbrachte Leistungen
24. d. M.		Eingehende Untersuchung und Beratung Befund: 18, 27, 28, 48, 46, 38 = fehlen 17, 15, 12, 11, 21, 22, 23, 26 = kariös 47, 45, 41, 31, 34, 35, 36, 37 = kariös
	47	Füllung okklusal-mesial-lingual
	45	Füllung mesial-okklusal-distal
28. d. M.	41, 31	Füllungen je approximal-labial
Folgemonat: 02. d. M.	34	Füllung okklusal-distal-bukkal
	35	Füllung okklusal-mesial
	17	Füllung bukkal-okklusal-palatinal
	15	Füllung okklusal
	26	Füllung palatinal/zervikal
07. d. M.	12, 11, 21, 22, 23	Spanngummi zur absoluten Trockenlegung gelegt
	12	Füllung labial-distal-palatinal
	21	Füllung mesial-labial-palatinal
	11	mesialer Eckenaufbau unter Einbeziehung der Schneidekante
	22	Füllung distal-palatinal-mesial
	23	Füllung labial/zervikal
20. d. M.	17, 26, 15, 12–23	Politur und Kontrolle der Füllungen im Oberkiefer (Vermerk in Karteikarte)
25. d. M.	36	Füllung okklusal-distal als Kompositfüllung wegen mittlerweile bestätigter Amalgamallergie
	37	Füllung okklusal-mesial als Kompositfüllung
30. d. M.	37, 36, 35, 45, 47, 41, 31, 34	Politur und Kontrolle der Füllungen im Unterkiefer (Vermerk in Karteikarte)

Anmerkung für Privatpatienten:

- Für Kompositfüllungen gibt es seit dem 01.01.12 eigene Gebührennummern. Diese Füllungen werden in der gleichen Sitzung poliert, in einer Folgesitzung kontrolliert bzw.finiert.
- Füllungen im Verblendbereich (OK: 15–25, UK: 34–44) werden als Kompositfüllungen liquidiert.
- Füllungen im Seitenzahnbereich sind als Amalgamfüllungen angelegt, hier wird in einer Folgesitzung die Politur durchgeführt.

Fall 2

Erfassen Sie diesen Fall für folgenden Patienten:

Vinzenz Wagner, geb. am 13.04.1954, wohnhaft in der Schlossallee 13, 66787 Wadgassen

1. Herr Wagner ist **Kassenpatient;** wählen Sie eine Krankenkasse Ihres KZV-Bereiches. Berücksichtigen Sie anfallende Mehrkosten am 30. d. M. (Punktwert: 0,8158 für AOK; 3,5facher Satz nach GOZ).
   - Rechnen Sie handschriftlich ab, z. B. auf Erfassungsschein.
   - Rechnen Sie mithilfe eines Abrechnungsprogramms ab.
2. Herr Wagner ist **Privatpatient.**
   - Liquidieren Sie handschriftlich.
   - Liquidieren Sie mithilfe eines Abrechnungsprogramms.

Datum	Zähne	erbrachte Leistungen
28. d. M.		Eingehende Untersuchung und Beratung Befund: 34, 35, 46 = fehlen 17, 15, 12, 11, 21, 24, 25, 26, 27, 33, 36, 45, 47 = kariös
	15	Aufbaufüllung mesial-okklusal-distal
	12	Füllung mesial-palatinal
	11	Füllung labial-distal
	21	distaler Eckenaufbau unter Einbeziehung der Schneidekante, Füllung mesial; alle Füllungen an Zahn 21 als Kompositfüllungen Erstellen Sie für den Kassenpatienten eine Mehrkostenberechnung.
Folgemonat: 04. d. M.		Beratung
	47	Füllung okklusal-distal
	45	Füllung okklusal-bukkal
16. d. M.	24	Füllung distal-bukkal
20. d. M.	25	Füllung mesial-okklusal-palatinal, mit einem Stift im Dentin verankert (2,40 € je Stift)
	26	Füllung okklusal-bukkal, mit zwei Stiften im Dentin verankert (2,40 € je Stift)
	27	Füllung bukkal/zervikal, mit einem Stift im Dentin verankert (2,40 € je Stift)
28. d. M.	17	Füllungen palatinal und bukkal
Folgemonat (neues Quartal): 06. d. M.		Beratung wegen Zahnersatz Politur und Kontrolle aller Füllungen

Fall 3

Erfassen Sie diesen Fall für folgende Patientin:

Nathalie Schumann, geb. am 13.04.1944, wohnhaft im Finkenweg 2, 66111 Saarbrücken

1. Frau Schumann ist **Kassenpatientin;** wählen Sie eine Krankenkasse Ihres KZV-Bereiches.
   - Rechnen Sie handschriftlich ab, z. B. auf Erfassungsschein.
   - Rechnen Sie mithilfe eines Abrechnungsprogramms ab.
2. Frau Schumann ist **Privatpatientin.**
   - Liquidieren Sie handschriftlich.
   - Liquidieren Sie mithilfe eines Abrechnungsprogramms.

Datum	Zähne	erbrachte Leistungen
01. d. M. (Feiertag)	26	Anruf der fremden Schmerzpatientin um 14:30 Uhr, telefonische Beratung, Krankenbesuch vereinbart 17:00 Uhr: Krankenbesuch durchgeführt (Entfernung 3,5 km), provisorischer Verschluss einer Kavität; Rezept über Schmerzmittel ausgestellt; Patient zum 06. d. M. in die Praxis gebeten
06. d. M.	26	Sensibilitätsprüfung des Zahnes (positiv), Spanngummi und Matrize gelegt, Füllung mesial-okklusal-labial-palatinal, mit einem Stift im Dentin verankert (2,40 € pro Stift)
14. d. M.	4er–8er 32, 42	Bissflügelaufnahmen der Zähne 4–8 sowie Röntgenaufnahmen von 32, 42
		Eingehende Untersuchung mit Beratung Befund: 18–14, 24–25, 27, 37, 35, 32, 42, 46 = kariös 47, 48 = fehlend
	32, 42	jeweils dreiflächige Füllung mesial-labial-distal
	35, 37	provisorischer Verschluss der Zähne nach Präparation, Behandlungsende wegen starker Übelkeit der Patientin, Arbeitsunfähigkeitsbescheinigung ausgestellt; neuer Termin zum 18. d. M. vereinbart
30. d. M.	35, 37	Mitteilung des Krankenhauses: Behandlung der Zähne 35 und 37 ist erfolgt.

Fall 4

Erfassen Sie diesen Fall für folgende Patientin:

Ingeborg Lortzing, geb. am 31.01.1955, wohnhaft in der Schwalbenallee 33, 66333 Völklingen

1. Frau Lortzing ist **Kassenpatientin;** wählen Sie eine Krankenkasse Ihres KZV-Bereiches.
   - Rechnen Sie handschriftlich ab, z. B. auf Erfassungsschein.
   - Rechnen Sie mithilfe eines Abrechnungsprogramms ab.
2. Frau Lortzing ist **Privatpatientin.**
   - Liquidieren Sie handschriftlich.
   - Liquidieren Sie mithilfe eines Abrechnungsprogramms.

Datum	Zähne	erbrachte Leistungen
08. d. M.		Eingehende Untersuchung und Beratung Befund: 18, 16, 15, 25, 28, 48, 38 = fehlen 17, 14, 11, 21, 22, 26, 27 = kariös 47, 46, 44, 42, 41, 31, 32, 35, 36, 37 = kariös
	17	Füllung okklusal
	14	Füllung distal-bukkal-mesial
	26	Füllung palatinal
12. d. M.	42, 32	Füllungen je labial/zervikal
	41, 31	Füllungen je approximal-lingual
20. d. M.	11	distaler und mesialer Eckenaufbau unter Einbeziehung der Schneidekante, Stiftverankerung der Füllungen mit je 2 Stiften im Dentin (2,40 € je Stift)
23. d. M.	21	Füllungen labial-distal-palatinal und mesial
	22	Füllung labial-mesial-palatinal
26. d. M.	27	Füllungen okklusal-mesial und bukkal
	47	Matrize angelegt, Füllung mesial-okklusal-bukkal
	46	Füllungen okklusal und bukkal
28. d. M.	44	Füllung mesial-okklusal
	35	Füllung distal-okklusal
	36, 37	Separator angesetzt
	36	Füllung okklusal-distal-lingual
	37	Füllung okklusal-mesial-bukkal
30. d. M.		Politur und Kontrolle aller Füllungen (Vermerk in Karteikarte)

Fall 1

Erfassen Sie diesen Fall für folgende Patientin:

Christina Schubert, geb. am 08.07.1979, wohnhaft in der Schlossallee 29, 66787 Wadgassen

1. Frau Schubert ist **Kassenpatientin;** wählen Sie eine Krankenkasse Ihres KZV-Bereiches.
   - Rechnen Sie handschriftlich ab, z. B. auf Erfassungsschein.
   - Rechnen Sie mithilfe eines Abrechnungsprogramms ab.
2. Frau Schubert ist **Privatpatientin.**
   - Liquidieren Sie handschriftlich.
   - Liquidieren Sie mithilfe eines Abrechnungsprogramms.

Datum	Zähne	erbrachte Leistungen
03. d. M.		Notdienst: Samstag, 12:00 Uhr: Anruf des Patienten; telefonische Beratung
03. d. M.		13:30 Uhr, Anruf des Patienten: Terminvereinbarung für 15:00 Uhr nach erneuter Beratung
03. d. M.	33	15:00 Uhr, Patient erscheint in Sprechstunde Trepanation des Zahnes wegen Gangrän
	32, 33, 34	Röntgenaufnahme Befund: keine apikalen Veränderungen
05. d. M.	33	Aufbereitung des Wurzelkanals, Röntgenmessaufnahme, medizinische Einlage, provisorischer Verschluss
08. d. M.		Eingehende Untersuchung und Beratung Befund: 16, 15, 25, 26, 36, 48 = fehlen 14, 33 = kariös
	33	medikamentöse Einlage gewechselt; provisorischer Verschluss
12. d. M.	33	Wurzelfüllung, Unterfüllung, Röntgenaufnahme, Befund: Wurzelfüllung vollständig Füllung mesial-labial
Folgemonat: 08. d. M.	14	devitalisierende Einlage, provisorischer Verschluss
18. d. M.	14	devitalisierende Einlage entfernt, Wurzelkanalaufbereitung der beiden Kanäle, Röntgenmessaufnahme, medizinische Einlage, provisorischer Verschluss
24. d. M.	14	Wurzelkanalfüllungen, Unterfüllung, Röntgenaufnahme, Befund: WF bis Apex, Füllung mesial-okklusal

Fall 2

Erfassen Sie diesen Fall für folgenden Patienten:

Nicolas Weber, geb. am 19.08.1983, wohnhaft in der Poststraße 8, 66802 Überherrn

1. Herr Weber ist **Kassenpatient;** wählen Sie eine Krankenkasse Ihres KZV-Bereiches.
   - Rechnen Sie handschriftlich ab, z. B. auf Erfassungsschein.
   - Rechnen Sie mithilfe eines Abrechnungsprogramms ab.
2. Herr Weber ist **Privatpatient.**
   - Liquidieren Sie handschriftlich.
   - Liquidieren Sie mithilfe eines Abrechnungsprogramms.

Datum	Zähne	erbrachte Leistungen
10. d. M.		Patient erscheint nach telefonischer Vereinbarung um 21:30 Uhr in der Praxis, nach der Sprechstunde: Lokale Untersuchung und Beratung
	11–23; 31–32	Röntgenaufnahmen Befund: 11, 21 = nicht beherdet 31, 32 = Sekundärkaries 11, 21, 23 = Wurzelfüllungen vorhanden
15. d. M.		Eingehende Untersuchung und Beratung Befund: 18, 16, 26, 28, 38, 48 = fehlen 11, 21, 23, 31, 44 = kariös Zahnstein
	11, 21, 23	Eröffnung der Zähne Entfernung der alten Wurzelfüllungen, erneute Aufbereitung der Wurzelkanäle, Röntgenaufnahme mit Messstift, Wurzelfüllungen, Röntgenkontrollaufnahme: Befund: WF bis Apex provisorischer Verschluss wegen Übelkeit des Patienten
19. d. M.	11, 21	Füllungen je approximal-palatinal-labial
	23	Füllung mesial-palatinal-okklusal-distal
	31, 32	Sensibilitätsprüfung beider Zähne (beide positiv), Leitungsanästhesie, indirekte Überkappungen, Unterfüllungen, provisorische Verschlüsse
23. d. M.	31, 32	Spanngummi angelegt
	31, 32	Leitungsanästhesie, jeweils mesialer Eckenaufbau unter Einbeziehung der Schneidekanten
	44	Füllung bukkal/zervikal

Fall 3

Erfassen Sie diesen Fall für folgende Patientin:

Adelheid Mahler, geb. am 31.01.1943, wohnhaft in der Denkmalstr. 12, 54295 Trier

1. Frau Mahler ist **Kassenpatientin;** wählen Sie eine Krankenkasse Ihres KZV-Bereiches.
   - Rechnen Sie handschriftlich ab, z. B. auf Erfassungsschein.
   - Rechnen Sie mithilfe eines Abrechnungsprogramms ab.
2. Frau Mahler ist **Privatpatientin.**
   - Liquidieren Sie handschriftlich.
   - Liquidieren Sie mithilfe eines Abrechnungsprogramms.

Datum	Zähne	erbrachte Leistungen
06. d. M.		Eingehende Untersuchung und Beratung, OPG zur Erfassung des gesamten Gebisses Befund: 17–16, 14, 11–21, 25, 46–45, 43, 32–33, 37 = kariös 18, 28, 48, 38 = fehlen Zahnstein, Mundkrankheit
	44–34	Oberflächenanästhesien, subgingivalen Zahnstein entfernt
	11, 21	Infiltrationsanästhesien, jeweils mesialer Eckenaufbau unter Einbeziehung der Schneidekanten
	21	Stiftverankerung der Füllung mit einem parapulpären Stift (2,40 € je Stift)
10. d. M.	43	Separieren, Unterfüllung, Füllung distal-lingual
	46, 45	Sensibilitätsprüfung (positiv)
	45	indirekte Überkappung, provisorischer Verschluss nach Leitungsanästhesie
15. d. M.	45	Sensibilitätsprüfung (positiv), Leitungsanästhesie, Unterfüllung, Füllung okklusal-distal, dabei wird eine übermäßige Papillenblutung gestillt.
	46	Matrize angelegt, Spanngummi zur absoluten Trockenlegung, Unterfüllung, Füllung okklusal-bukkal-lingual mit 2 Stiften im Dentin verankert (2,40 € je Stift)
	37	Leitungsanästhesie, Exstirpation der vitalen Pulpa (2 Kanäle), Wurzelkanalaufbereitungen beider Kanäle, Röntgenmessaufnahme, Wurzelfüllungen der beiden Kanäle, Röntgenkontrollaufnahme, Unterfüllung, Füllung mesial-lingual-bukkal nach Separation
18. d. M.	25	Infiltrationsanästhesie, direkte Überkappung, Füllung okklusal-bukkal-palatinal
22. d. M.	33, 32	Leitungsanästhesie
	33	Zahnfleisch zur Präparation zurückgedrängt, Unterfüllung, Füllungen labial und lingual
	32	Separieren, Unterfüllung, Füllung labial-mesial
	14	Spanngummi angelegt, Füllung okklusal-palatinal
27. d. M.	16	Infiltrationsanästhesie, Füllung mesial-okklusal-distal nach Legen von Spanngummi zur absoluten Trockenlegung
29. d. M.	17	Füllung bukkal-mesial/zervikal
30. d. M.		Politur und Kontrolle aller Füllungen (Vermerk in Karteikarte)

Fall 4

Erfassen Sie diesen Fall für folgende Patientin:

Luzia Hindemith, geb. am 31.01.1999, wohnhaft in der Silbergasse 14, 66740 Saarlouis

1. Luzia Hindemith ist **Kassenpatientin;** wählen Sie eine Krankenkasse Ihres KZV-Bereiches.
   - Rechnen Sie handschriftlich ab, z. B. auf Erfassungsschein.
   - Rechnen Sie mithilfe eines Abrechnungsprogramms ab.
2. Luzia Hindemith ist **Privatpatientin.**
   - Liquidieren Sie handschriftlich.
   - Liquidieren Sie mithilfe eines Abrechnungsprogramms.

Datum	Zähne	erbrachte Leistungen
06. d. M.		Eingehende Untersuchung und Beratung Befund: 18, 17, 27, 28, 37, 38, 47, 48 = fehlen 55, 54, 64, 65, 74, 75, 16, 26 = kariös 85, 84 = zerstört 71, 72 = gelockert 85 = Fistel
	18–17, 28–27 38–37, 48–47	Röntgenaufnahmen; Befund: alle angelegt, 85 apikale Aufhellung
	85	Sensibilitätsprüfung (–), Leitungsanästhesie, Trepanation des pulpatoten Zahnes (der Zahn bleibt offen)
09. d. M.	16	Sensibilitätsprüfung, Präparation der Kavität, dabei starke Papillenblutung gestillt, provisorischer Verschluss
	55	Füllung okklusal-distal
	65	Füllung okklusal-bukkal
	74	Füllung okklusal-mesial
11. d. M.	16	Infiltrationsanästhesie; Füllung mesial-okklusal-palatinal mit 2 Stiften im Dentin verankert (2,40 € je Stift)
	54, 64	Einlage zum Devitalisieren, provisorischer Verschluss
13. d. M.	64	Wiederholung der devitalisierenden Einlage, provisorischer Verschluss, der Zahn soll als Platzhalter dienen.
22. d. M.	54, 64	devitalisierende Einlage entfernt, medikamentöse Einlage, provisorischer Verschluss
30. d. M.	84, 54, 64	Füllung mesial-okklusal
Folgemonat: 01. d. M.		(Feiertag – 10:30 Uhr), Anruf der Patientin wegen starker Schmerzen an 26; Beratung wegen Schmerzmittel
01. d. M.		15:40 Uhr: erneuter Anruf; Patientin wird in die Praxis bestellt.
01. d. M.	26	16:00 Uhr in der Praxis: Infiltrationsanästhesie, Vitalexstirpation (zwei Kanäle), Aufbereitung beider Wurzelkanäle, Röntgenmessaufnahme, Füllung der Wurzelkanäle, Röntgenkontrollaufnahme, Abschlussfüllung mesial-okklusal-lingual
07. d. M.	75	Leitungsanästhesie, Aufbaufüllung mesial-okklusal-bukkal aus plastischem Füllmaterial, mit 2 Stiften im Dentin verankert (2,40 € je Stift)
10. d. M.		Politur und Kontrolle aller Füllungen

Fall 5

Erfassen Sie diesen Fall für folgenden Patienten:

Dieter Kreutzer, geb. am 22.11.1963, wohnhaft im Sachsenweg 13, 64283 Darmstadt

1. Herr Kreutzer ist **Kassenpatient;** wählen Sie eine Krankenkasse Ihres KZV-Bereiches.
   - Rechnen Sie handschriftlich ab, z. B. auf Erfassungsschein.
   - Rechnen Sie mithilfe eines Abrechnungsprogramms ab.
2. Herr Kreutzer ist **Privatpatient.**
   - Liquidieren Sie handschriftlich.
   - Liquidieren Sie mithilfe eines Abrechnungsprogramms.

Datum	Zähne	erbrachte Leistungen
03. d. M.		Patient erscheint zum ersten Mal in der Praxis wegen starker Schmerzen im OK (Notdienst). Eingehende Untersuchung und Beratung Befund: 16, 25, 26, 46 = kariös 43 = tief zerstört 26 = vorhandene Wurzelfüllung Zahnstein, Erkrankung der Mundschleimhaut
	16	Oberflächenanästhesie zur Betäubung der Einstichstelle und Infiltrationsanästhesie, Füllung mesial/zervikal-okklusal-palatinal, dabei werden die Zähne 16 und 15 separiert; die Füllung wird mit 2 Stiften im Dentin verankert (2,40 € je Stift).
06. d. M.	25	Nach Beratung erfolgt eine Infiltrationsanästhesie, Präparation von Zahn 25 mit indirekter Überkappung und provisorischem Verschluss.
10. d. M.	25	intraligamentäre Anästhesie, Spanngummi zur absoluten Trockenlegung, vierflächige Füllung distal-bukkal-okklusal-palatinal
14. d. M.	46	Leitungsanästhesie, Präparation einer distal-lingualen und einer mesial-okklusalen Kavität, für jede Kavität direkte Überkappung mit provisorischem Verschluss
17. d. M.	17	Abschleifen einer scharfen Füllungskante
	26	Aufbaufüllung distal-okklusal-vestibulär mit 2 Stiften im Dentin verankert (2,40 € je Stift) Behandlung einer vestibulären Aphthe im OK Abbruch der Behandlung wegen starker Übelkeit des Patienten, deshalb Arbeitsunfähigkeitsbescheinigung ausgestellt
20. d. M.	43	Leitungsanästhesie, Extraktion des Zahnes muss wegen Ohnmacht des Patienten abgebrochen werden; Blutdruck- und Pulsmessung durch den Zahnarzt
Folgemonat: 30. d. M.	46 43	beide Füllungen an Zahn 46 nach Aussage des Patienten im Krankenhaus gelegt, dabei ist auch die Extraktion von Zahn 43 erfolgt (Vermerk in Karteiblatt). erneute Behandlung der Aphthe Zahnstein an allen Zähnen unter Oberflächenanästhesie entfernt
		Politur und Kontrolle aller Füllungen

Fall 6

Erfassen Sie diesen Fall für folgenden Patienten:

Konrad Bach, geb. am 29.09.1991, wohnhaft in der Flötengasse 13, 64283 Darmstadt

1. Herr Bach ist **Kassenpatient;** wählen Sie eine Krankenkasse Ihres KZV-Bereiches.
   - Rechnen Sie handschriftlich ab, z. B. auf Erfassungsschein.
   - Rechnen Sie mithilfe eines Abrechnungsprogramms ab.
2. Herr Bach ist **Privatpatient.**
   - Liquidieren Sie handschriftlich.
   - Liquidieren Sie mithilfe eines Abrechnungsprogramms.

Datum	Zähne	erbrachte Leistungen
11. d. M.		Erstellung eines OPG; Befund: Alle Zähne sind angelegt. Eingehende Untersuchung und Beratung Befund: 18, 17, 27, 28, 48, 47, 37, 38 = fehlen 16, 55, 54, 26, 46, 73, 75, 11, 31 = kariös 74 = zerstört Zahnstein, Erkrankung der Mundschleimhaut
	73	Leitungsanästhesie, geplante Füllung wegen Übelkeit des Patienten abgebrochen, provisorischer Verschluss
14. d. M.	46	Leitungsanästhesie, Zahnfleisch verdrängt, Präparation, provisorischer Verschluss, Weiterbehandlung des Patienten nicht möglich (Vermerk in Karteikarte)
17. d. M.	74	Präparation, Einzementieren einer konfektionierten Metallkrone (Zahn soll als Platzhalter dienen)
	55, 54	Behandlung überempfindlicher Zahnflächen Behandlung einer Mundschleimhauterkrankung im OK
21. d. M.	46	Leitungsanästhesie, Füllung mesial-okklusal-distal
27. d. M.	16, 55, 54	Infiltrationsanästhesien
	16	Füllung bukkal
	55	Füllung okklusal-mesial
	54	Füllung mesial-okklusal-distal
Folgemonat: 02. d. M.	46	Füllung herausgebrochen, Leitungsanästhesie, Füllung mesial-okklusal-distal erneuert, mit 2 Stiften verankert (2,40 € pro Stift)
09. d. M.	26	Infiltrationsanästhesie, Füllungen okklusal und bukkal
13. d. M.	73, 75	Leitungsanästhesie
	73	Füllung labial
	75	Füllung bukkal-distal
20. d. M.	11	Infiltrationsanästhesie, Füllung mesial-labial
	31	Leitungsanästhesie, Füllung mesial-labial/zervikal
24. d. M.		Politur und Kontrolle aller Füllungen erneute Behandlung der Mundschleimhaut im OK
	22	Entfernung einer scharfen Kante

Fall 1

Erfassen Sie diesen Fall für folgenden Patienten:

Frank Offenbach, geb. am 07.02.1977, wohnhaft in der Parkstr. 112, 64283 Darmstadt

1. Herr Offenbach ist **Kassenpatient;** wählen Sie eine Krankenkasse Ihres KZV-Bereiches.
   - Rechnen Sie handschriftlich ab, z. B. auf Erfassungsschein.
   - Rechnen Sie mithilfe eines Abrechnungsprogramms ab.
2. Herr Offenbach ist **Privatpatient.**
   - Liquidieren Sie handschriftlich.
   - Liquidieren Sie mithilfe eines Abrechnungsprogramms.

Datum	Zähne	erbrachte Leistungen
02. d. M.		Eingehende Untersuchung und Beratung Befund: 45, 34, 37, 38 = kariös 15, 14, 11, 21, 23, 25, 26, 47, 46, 42, 41 = zerstört 18 lt. Röntgenbefund aus dem Vorquartal: verlagert
	37, 38	Leitungsanästhesie, okklusale Füllung an jedem Zahn
15. d. M.	45, 34	Leitungsanästhesien, Beschleifen der Zähne für Kunststoff-Verblend-kronen, provisorische Kronen (nur in Karteikarte vermerken)
18. d. M.	18	Infiltrationsanästhesie, Entfernung durch Osteotomie, Wiederholung der Anästhesie wegen langer Operationsdauer
23. d. M.	18	Nähte entfernt, Versorgung der OP-Wunde
	45, 34	Leitungsanästhesien, Kronen fest einzementiert
Folgemonat: 02. d. M.	15, 14, 11, 21	Infiltrationsanästhesien, Extraktion der Zähne, dabei wird Zahn 15 durch Osteotomie entfernt; Naht gelegt
06. d. M.	15, 14, 11, 21 23, 25	Nachbehandlung; Entfernung der Naht und Nachkontrolle (2 Op-Gebiete) Infiltrationsanästhesien, Extraktion der Zähne
08. d. M.	23, 25	Nachkontrolle; keine Maßnahmen erforderlich
14. d. M.	37, 38	Politur und Kontrolle der Füllungen
16. d. M.	42, 41	Leitungsanästhesie, Infiltrationsanästhesie notwendig wegen Restschmerz, Extraktion der Zähne
19. d. M.	42, 41 47, 46	Nachbehandlung (1 Op-Gebiet) Leitungsanästhesie, schwierige Extraktion der Zähne mit Wurzelheber, Tamponade gelegt
22. d. M.	47, 46	Nachbehandlung; Tamponade entfernt (1 Op-Gebiet)
25. d. M.	26	Infiltrationsanästhesie, Entfernung des Zahnes durch Osteotomie; während des Eingriffes muss die Anästhesie wiederholt werden.

Fall 2

Erfassen Sie diesen Fall für folgende Patientin:

Petra Dittersdorf, geb. am 17.01.1969, wohnhaft im Waldweg 89, 64283 Darmstadt

1. Frau Dittersdorf ist **Kassenpatientin;** wählen Sie eine Krankenkasse Ihres KZV-Bereiches.
   - Rechnen Sie handschriftlich ab, z. B. auf Erfassungsschein.
   - Rechnen Sie mithilfe eines Abrechnungsprogramms ab.

2. Frau Dittersdorf ist **Privatpatientin.**
   - Liquidieren Sie handschriftlich.
   - Liquidieren Sie mithilfe eines Abrechnungsprogramms.

Datum	Zähne	erbrachte Leistungen
02. d. M.		Eingehende Untersuchung und Beratung Befund: 35, 36 = fehlen 13, 23, 33, 38 = kariös 12–22, 17, 16, 14, 25, 45 = zerstört
	12–22	Infiltrationsanästhesien, Extraktionen, Zahnersatz geplant, Provisorium (Vermerk im Karteiblatt)
05. d. M.	17, 16, 14	Infiltrationsanästhesien, Extraktion der Zähne, Zahn 16 ist tief frakturiert und schwierig zu entfernen.
11. d. M.	45	Leitungsanästhesie, Entfernen der Krone, Extraktion des Zahnes
15. d. M.	25	Infiltrationsanästhesie, Extraktion des zweiwurzeligen Zahnes
21. d. M.	33 38	Füllung labial Füllung okklusal
27. d. M.	34–37	Leitungsanästhesie, Brücke entfernt (35, 36 Brückenglieder), Pfeilerzähne werden neu präpariert, Abdruck für eine neue Brücke in Kunststoff (Vermerk in Kartei)
Folgemonat: 02. d. M.	13, 23 13 23	Infiltrationsanästhesien Füllung labial-mesial Füllungen distal-labial-mesial und palatinal
10. d. M.		Leitungsanästhesie, Brücke fest einzementiert Politur und Kontrolle aller Füllungen

Fall 3

Erfassen Sie diesen Fall für folgenden Patienten:

Otwin Flotow, geb. am 15.12.1959, wohnhaft in der Gerolsteiner Str. 45, 50997 Köln

1. Herr Flotow ist **Kassenpatient;** wählen Sie eine Krankenkasse Ihres KZV-Bereiches.
   - Rechnen Sie handschriftlich ab, z. B. auf Erfassungsschein.
   - Rechnen Sie mithilfe eines Abrechnungsprogramms ab.
2. Herr Flotow ist **Privatpatient.**
   - Liquidieren Sie handschriftlich.
   - Liquidieren Sie mithilfe eines Abrechnungsprogramms.

Datum	Zähne	erbrachte Leistungen
09. d. M.		Eingehende Untersuchung und Beratung Befund: 18–14, 24–28, 38, 48 = fehlen 47, 46, 37 = zerstört 11, 21 = kariös 43, 42, 41, 31, 32 = gelockert
	37	Leitungsanästhesie, Extraktion, Tamponade
11. d. M.	37	Tamponade entfernt, Röntgenaufnahme, Befund: kein Wurzelrest
15. d. M.	18–14, 24–28	Infiltrationsanästhesien, Knochenresektion zur Formung des Prothesenlagers, 4-mal Naht, Wundversorgung
15. d. M.	 28	17:30 Uhr in der Sprechstunde Beratung, starke Blutung gestillt
16. d. M.		Nachbehandlung an allen Wunden im Oberkiefer (2 Op-Gebiete)
19. d. M.		Nachbehandlung, Nähte im Oberkiefer entfernt (2 Op-Gebiete)
24. d. M.	47, 46, 43–32	Röntgenaufnahmen, Befund: 47, 46 = Granulom 43–32 = Knochenatrophie
	47, 46, 43–32	Leitungsanästhesien, Extraktionen, Resektion des Alveolarfortsatzes, Wundversorgung, Arbeitsunfähigkeitsbescheinigung ausgestellt
26. d. M.		Nachbehandlung aller Wunden im Unterkiefer (2 Op-Gebiete)
Folgemonat: 20. d. M.	11, 21 11 21	Infiltrationsanästhesien distaler Eckenaufbau unter Einbeziehung der Schneidekante mesialer Eckenaufbau unter Einbeziehung der Schneidekante

Fall 4

Erfassen Sie diesen Fall für folgenden Patienten:

Sebastian Kollo, geb. am 27.04.1980, wohnhaft im Mörikeweg 49, 67071 Ludwigshafen

1. Herr Kollo ist **Kassenpatient;** wählen Sie eine Krankenkasse Ihres KZV-Bereiches.
   - Rechnen Sie handschriftlich ab, z. B. auf Erfassungsschein.
   - Rechnen Sie mithilfe eines Abrechnungsprogramms ab.
2. Herr Kollo ist **Privatpatient.**
   - Liquidieren Sie handschriftlich.
   - Liquidieren Sie mithilfe eines Abrechnungsprogramms.

Datum	Zähne	erbrachte Leistungen
21. d. M.		Eingehende Untersuchung und Beratung Befund: 18, 28, 38, 48, 16 = fehlen 36, 37, 46, 47 = zerstört 34, 35 = kariös
	47, 46, 31, 32, 34, 36–38	Röntgenaufnahmen Befund: 47, 46 = Ostitis 31, 32, 34, 36, 37 = apikale Veränderungen 38 = retiniert 31, 32, 34 = vorhandene Wurzelfüllungen
	31, 32, 34, 35	Sensibilitätsprüfung
	47, 46, 36–38	Leitungsanästhesien, Extraktionen (46 und 38 durch Osteotomie) Resektion des Alveolarfortsatzes im Gebiet aller Wunden, Naht gelegt
22. d. M.	47, 46, 36–38	Nachbehandlung (2 Op-Gebiete)
28. d. M.	47, 46, 36–38	Nähte entfernt (2 Op-Gebiete)
30. d. M.	16	Röntgenaufnahme, Befund: Wurzelrest Infiltrationsanästhesie, Entfernung des Wurzelrestes durch Osteotomie plastischer Verschluss der eröffneten Kieferhöhle durch einen Schleimhautlappen, Naht, Wundversorgung Hilfeleistung durch den Zahnarzt bei einem Kollaps (ca. 20 Minuten) Rezept über ein Antibiotikum, Blutdruckmessung
Folgemonat: 04. d. M.	16	Infiltrationsanästhesie, Naht erneuert, erneutes Rezept über ein Antibiotikum, erneute Blutdruckmessung
06. d. M.	31	Notdienst, 11:00 Uhr: Patient erscheint mit starken Schmerzen; Leitungsanästhesie, Trepanation des Zahnes in Höhe der Wurzelspitze
10. d. M.	31, 32, 34	Leitungsanästhesie, Wurzelspitzenresektionen, retrograde Verschlüsse, Nähte
15. d. M.	31, 32, 34, 16	Nähte entfernt, Wunden kontrolliert (3 Op-Gebiete), Aphthe behandelt (Bereich 25–27)

Fall 5

Erfassen Sie diesen Fall für folgenden Patienten:

Karl Millöcker, geb. am 01.02.1936, wohnhaft im Frankenweg 13, 64283 Darmstadt

1. Herr Millöcker ist **Kassenpatient;** wählen Sie eine Krankenkasse Ihres KZV-Bereiches.
   - Rechnen Sie handschriftlich ab, z. B. auf Erfassungsschein.
   - Rechnen Sie mithilfe eines Abrechnungsprogramms ab.
2. Herr Millöcker ist **Privatpatient.**
   - Liquidieren Sie handschriftlich.
   - Liquidieren Sie mithilfe eines Abrechnungsprogramms.

Datum	**Zähne**	**erbrachte Leistungen**
13. d. M.		Eingehende Untersuchung und Beratung Befund: 18–23, 27, 28, 38, 48 = fehlen 24, 25, 26, 46 = zerstört Schlotterkamm von 14–23 Schwellung im Bereich 46
	46, 44, 43, 41	Sensibilitätsprüfung (positiv)
	46, 44–43, 41, 38	Röntgenaufnahmen Befund: 46, 44, 43, 41 = apikale Veränderungen 38 = tief sitzender Fremdkörper
	46	Leitungsanästhesie, Eröffnung eines perimandibulären Abszesses (oberflächlich), Drainage gelegt
15. d. M.	46	Drainage gewechselt, Nachbehandlung
20. d. M.	46	Drainage entfernt
	46, 44, 43, 41	Leitungsanästhesie
	46	Entfernung durch Osteotomie, Naht, Wundversorgung
	44, 43, 41	Wurzelspitzenresektionen, Trepanation der Zähne, Wurzelkanalbehandlung, Naht, Wundversorgung, Arbeitsunfähigkeitsbescheinigung
20. d. M.	 46	15:00 Uhr, während der Sprechstunde: Leitungsanästhesie, Blutung durch Gefäßnaht gestillt
24. d. M.	46, 44, 43, 41	Nachbehandlung (3 Op-Gebiete)
29. d. M.	46, 44, 43, 41	Nähte entfernt (3 Op-Gebiete)
	44, 43, 41	jeweils Füllung mesial-okklusal-distal als Kunsstofffüllung
	38	Leitungsanästhesie, tief sitzenden Fremdkörper entfernt
30. d. M.	38	Nachbehandlung
Folgemonat:	38	Nachbehandlung
05. d. M.	24	Röntgenaufnahme, Befund: Zyste Infiltrationsanästhesie, Entfernung des Zahnes durch Osteotomie, Zystektomie, Naht
09. d. M.	25, 26	Infiltrationsanästhesie, Extraktionen, plastischer Verschluss der eröffneten Kieferhöhle durch einen Schleimhautlappen, Naht
14. d. M.	24, 25, 26	Nähte entfernt (2 Op-Gebiete)
18. d. M.	14–23	Infiltrationsanästhesien, Schlotterkamm entfernt, Nähte, Wundversorgung
25. d. M.	14–23	Nähte entfernt, Patient entlassen (Zahnersatz geplant)

Fall 6

Erfassen Sie diesen Fall für folgenden Patienten:

Nikolaus Strauss, geb. am 30.03.1941, wohnhaft in der Weserstr. 29 a, 22335 Hamburg

1. Herr Strauss ist **Kassenpatient;** wählen Sie eine Krankenkasse Ihres KZV-Bereiches.
   - Rechnen Sie handschriftlich ab, z. B. auf Erfassungsschein.
   - Rechnen Sie mithilfe eines Abrechnungsprogramms ab.
2. Herr Strauss ist **Privatpatient.**
   - Liquidieren Sie handschriftlich.
   - Liquidieren Sie mithilfe eines Abrechnungsprogramms.

Datum	Zähne	erbrachte Leistungen
02. d. M.		Eingehende Untersuchung und Beratung Befund: 16, 15, 13–22, 25, 26 = zerstört 17, 14, 24, 27, 31, 41 = kariös 18, 23, 28, 34, 36, 38, 46, 48 = fehlen
		OPG-Röntgenaufnahme zur Darstellung aller Zähne für Zahnersatz; Festlegung der Behandlungstermine (Vermerk in Karteikarte)
	25, 26	intraligamentäre Anästhesien, Extraktionen (Zähne tief frakturiert und schwierig zu entfernen)
17. d. M.	27	Füllung mesial-okklusal-bukkal nach Infiltrationsanästhesie
	17, 24	Füllungen je okklusal
	14	Infiltrationsanästhesie; Füllung distal-okklusal-mesial
20. d. M.	16, 15	Infiltrationsanästhesie, Extraktion der Zähne
Folgemonat: 02. d. M.	13–22	Infiltrationsanästhesien, Extraktion der Zähne
	23	Infiltrationsanästhesie, Entfernung des retinierten Zahnes durch Osteotomie
	13–23	Resektion der Alveolarfortsätze, Nähte, Arbeitsunfähigkeitsbescheinigung und Taxenbescheinigung ausgestellt
02. d. M.	23	21:30 Uhr, nach der Sprechstunde: Stillen einer Nachblutung durch Gefäßumstechung unter Infiltrationsanästhesie, Tamponade
04. d. M.	23	Tamponade gewechselt
08. d. M.	13–23	alle Nähte und Tamponaden entfernt
15. d. M.	33, 35, 37	Leitungsanästhesie, alte Brücke mit Anker 33, 35, 37 entfernt, keine Nachpräparation möglich, da Zähne tief frakturiert sind; schwierige Extraktion der Zähne unter erheblichem Aufwand
20. d. M.	41, 31	Infiltrationsanästhesien, Anlegen von Spanngummi
	31	mesialer Eckenaufbau unter Einbeziehung der Schneidekante
	41	distaler Eckenaufbau unter Einbeziehung der Schneidekante
Folgemonat: 04. d. M.		Beratung, Abschlussuntersuchung Politur und Kontrolle aller Füllungen

Fall 7

Erfassen Sie diesen Fall für folgende Patientin:

Ursula Telemann, geb. am 04.01.1988, wohnhaft in der Tuchbauergasse 61, 44265 Dortmund

1. Frau Telemann ist **Kassenpatientin;** wählen Sie eine Krankenkasse Ihres KZV-Bereiches.
   - Rechnen Sie handschriftlich ab, z. B. auf Erfassungsschein.
   - Rechnen Sie mithilfe eines Abrechnungsprogramms ab.
2. Frau Telemann ist **Privatpatientin.**
   - Liquidieren Sie handschriftlich.
   - Liquidieren Sie mithilfe eines Abrechnungsprogramms.

Datum	Zähne	erbrachte Leistungen
11. d. M.		Eingehende Untersuchung und Beratung Befund: 18, 17, 27, 28, 37, 38, 47, 48 = fehlen 16, 26, 14 = kariös 46 = zerstört 11, 21 = Diastema
		OPG Röntgenaufnahme Befund: 46 = tief zerstört 36 = Wurzelrest 18, 17, 27, 28, 37, 38, 47, 48 = angelegt 16, 26, 41 = Sekundärkaries
	16, 26	Infiltrationsanästhesien, Matrize gelegt; jeweils Füllung okklusal-distal
15. d. M.	36	Leitungsanästhesie, Entfernung des distalen Wurzelrestes, Tamponade
17. d. M.	36	Tamponade entfernt
	14	intraligamentäre Anästhesie, Füllung labial/zervikal
20. d. M.	11, 21	Infiltrationsanästhesien, Korrektur des Lippenbändchens (echtes Diastema), Naht
21. d. M.	36, 11, 21	Nachbehandlung (2 Op-Gebiete)
26. d. M.	11, 21	Naht entfernt
Folgemonat: 11. d. M.	46	Leitungsanästhesie, Entfernung des tief frakturierten Zahnes durch Osteotomie, Tamponade und absorbierbare Naht
14. d. M.	46	Tamponade gewechselt
16. d. M.	46	Tamponade entfernt
21. d. M.	33	Röntgenaufnahme von Zahn 33 wegen unklarer Schmerzen Befund: Zyste Leitungsanästhesie, Entfernung der Zyste mit Verschluss der Wunde, Naht gelegt
23. d. M.	33	Wundversorgung, dabei Naht erneuert
26. d. M.	33	Naht entfernt, keine weiteren Maßnahmen erforderlich
Folgemonat (neues Quartal) 04. d. M.	12	Zahn 12 bei Rauferei auf dem Schulhof ausgeschlagen (Vermerk in Karteikarte); Beratung intraligamentäre Anästhesie, Zahn wieder eingesetzt und mit einfachen Ligaturen an der Zahnreihe befestigt Lippenverletzung behandelt
06. d. M.		nochmalige Behandlung der Lippenverletzung
08. d. M.		nochmalige Behandlung der Lippenverletzung

Fall 8

Erfassen Sie diesen Fall für folgenden Patienten:

Erwin Britten, geb. am 15.05.1955, wohnhaft in der Oberbrunner Str. 17, 81475 München

1. Herr Britten ist **Kassenpatient;** wählen Sie eine Krankenkasse Ihres KZV-Bereiches.
   - Rechnen Sie handschriftlich ab, z. B. auf Erfassungsschein.
   - Rechnen Sie mithilfe eines Abrechnungsprogramms ab.
2. Herr Britten ist **Privatpatient.**
   - Liquidieren Sie handschriftlich.
   - Liquidieren Sie mithilfe eines Abrechnungsprogramms.

Datum	Zähne	erbrachte Leistungen
10. d. M		21:30 Uhr in der Praxis, nach der Sprechstunde: Lokale Untersuchung und Beratung wegen unklarer Schmerzen im OK- und UK-Frontzahnbereich Röntgenaufnahmen der Zähne 11–21, 23–25, 31, 32 Befund: 25 = Zyste 11, 21, 23 = nicht beherdet 31, 32 = Sekundärkaries
	11, 21, 23	Sensibilitätsprüfung (Zähne sind devital) Trepanationen, Aufbereitung der Wurzelkanäle, medikamentöse Einlagen, provisorische Verschlüsse
15. d. M.		Eingehende Untersuchung und Beratung Befund: 18, 16, 26, 28, 38, 48 = fehlen 11, 21, 31, 32, 44 = kariös 46, 36 = zerstört Zahnstein, Mundkrankheit
		Aphthenbehandlung OK, Zahnstein an allen Zähnen entfernt
	11, 21, 23	medikamentöse Einlagen erneuert, provisorische Verschlüsse
19. d. M.	11, 21, 23	Erweiterung der Wurzelkanäle, Röntgenaufnahme mit Messstift, Wurzelfüllungen, Röntgenkontrollaufnahme: Befund: WF bis Apex
	11, 21	Füllungen je approximal-palatinal-labial
	23	Füllung mesial-palatinal-labial-distal
23. d. M.	31, 32	Sensibilitätsprüfung (positiv), Infiltrationsanästhesie, indirekte Überkappungen, Unterfüllungen, provisorische Verschlüsse
28. d. M.	44, 31, 32	Spanngummi angelegt
	31, 32	Leitungsanästhesie, jeweils mesialer Eckenaufbau unter Einbeziehung der Schneidekanten
	44	Füllung bukkal/zervikal
30. d. M.	25	Infiltrationsanästhesie, Wurzelspitzenresektion, orthograde Wurzelkanalbehandlung mit Mess- und Kontrollbehandlung, Zystektomie, Naht, Wundversorgung, Füllung mesial-okklusal-distal
Folgemonat: 05. d. M.	25	Naht entfernt
15. d. M.	46, 36	Leitungsanästhesien, Extraktionen
16. d. M.	25, 36, 46	Nachbehandlungen
	46	übermäßige Blutung gestillt
20. d. M.		Kontrolle aller Extraktionswunden, keine Maßnahme notwendig

Fall 9

Erfassen Sie diesen Fall für folgende Patientin:

Simone Ziehrer, geb. am 22.11.1977, wohnhaft in der Nachodstr. 11, 10779 Berlin

1. Frau Ziehrer ist **Kassenpatientin;** wählen Sie eine Krankenkasse Ihres KZV-Bereiches.
   - Rechnen Sie handschriftlich ab, z. B. auf Erfassungsschein.
   - Rechnen Sie mithilfe eines Abrechnungsprogramms ab.
2. Frau Ziehrer ist **Privatpatientin.**
   - Liquidieren Sie handschriftlich.
   - Liquidieren Sie mithilfe eines Abrechnungsprogramms.

Datum	Zähne	erbrachte Leistungen
02. d. M.		Lokale Untersuchung und Beratung
	23	Röntgenaufnahme, Befund: Zahnkeim Infiltrationsanästhesie, Entfernung des Zahnkeimes, Wundversorgung, Naht
02. d. M.	 23	22:30 Uhr: Besuch beim Patienten, 3 km Entfernung, Patient bettlägerig, hohes Fieber Stillen einer übermäßigen Blutung, Tamponade, Arbeitsunfähigkeitsbescheinigung ausgestellt
06. d. M.	23	Weiterbehandlung in der Praxis, Naht und Tamponade entfernt
Folgemonat: 01. d. M.	 27	Feiertag: Notdienst Lokale Untersuchung und Beratung wegen starker Schmerzen Infiltrationsanästhesie, Extraktion, Hilfeleistung durch den Zahnarzt bei einer Ohnmacht
03. d. M.	27	Nachbehandlung
06. d. M.	27	Nachbehandlung
	16, 14	Sensibilitätsprüfung (+)
	14	Infiltrationsanästhesie, Exstirpation der Pulpa (2 Kanäle), Aufbereitung der Wurzelkanäle, Röntgenmessaufnahme, medizinische Einlage, provisorischer Verschluss
10. d. M.	14	Wurzelkanalfüllung mit Röntgenkontrollaufnahme, Aufbaufüllung okklusal-mesial-bukkal
12. d. M.	16, 14	Röntgenaufnahme Befund: 14 = WF bis Apex 16 = keine apikale Veränderung
	16, 14	Infiltrationsanästhesien, Beschleifen der Zähne für eine Brücke, provisorische Kronen aufgesetzt (Vermerk in Karteikarte)
12. d. M.		19:00 Uhr (nach der Sprechstunde): telefonische Beratung wegen einer gelockerten provisorischen Krone
20. d. M.		störende Ränder an alten Füllungen abgeschliffen
	16–14	Infiltrationsanästhesien, Brücke eingegliedert

Fall 10

Erfassen Sie diesen Fall für folgende Patientin:

Simone Reger, geb. am 09.02.1969, wohnhaft im Rechter Weg 45, 99099 Erfurt

1. Frau Reger ist **Kassenpatientin;** wählen Sie eine Krankenkasse Ihres KZV-Bereiches.
   - Rechnen Sie handschriftlich ab, z. B. auf Erfassungsschein.
   - Rechnen Sie mithilfe eines Abrechnungsprogramms ab.
2. Frau Reger ist **Privatpatientin.**
   - Liquidieren Sie handschriftlich.
   - Liquidieren Sie mithilfe eines Abrechnungsprogramms.

Datum	Zähne	erbrachte Leistungen
11. d. M.		Eingehende Untersuchung und Beratung Befund: 18, 16, 15, 12–22, 25, 26, 28, 48, 47 = fehlen 41, 31, 34 = kariös 45 = zerstört 47, 46, 45 = Fibrom
		Dekubitus im Oberkiefer behandelt, Zahnstein im gesamten Gebiss entfernt
15. d. M.	18, 14, 13, 23, 41, 31	Röntgenaufnahmen Befund: 18 = im Durchbruch 41, 31 = Sekundärkaries 14, 13, 23 = beherdete Pfeilerzähne 23 = Zyste
		Sensibilitätsprüfung aller geröntgten Zähne (positiv)
	18	Zahnfleischtasche wegen Dent. diff. entfernt
	41, 31	Leitungsanästhesien, alte Füllungen entfernt, indirekte Überkappungen, provisorische Verschlüsse
16. d. M.	14, 13, 23	Infiltrationsanästhesien, Abnahme der Brücke wegen Extraktion notwendig, Extraktionen (23 = Zyste durch die Alveole ausgekratzt), Hilfeleistung durch Zahnarzt bei einem Kollaps (Blutdruck- und Pulsmessung)
16. d. M.		19:55 Uhr (nach der Sprechstunde): telefonische Beratung wegen Nachblutung
21. d. M.	14, 13, 23	Infiltrationsanästhesien, Resektion des Alveolarrandes (die Wunde ist noch nicht ausgeheilt)
23. d. M.	41, 31	Sensibilitätsprüfung, Separation, Füllungen je approximal-labial
	14, 13, 23	Nachbehandlung (2 Op-Gebiete)
25. d. M.	27 34	scharfe Kante abgeschliffen (an Zahn 27) Leitungsanästhesie, indirekte Überkappung, provisorischer Verschluss
30. d. M.	34	Patient erscheint mit Schmerzen in der Sprechstunde: Leitungsanästhesie, Entfernen der alten Einlage, Pulpenkavum eröffnet, direkte Überkappung, Unterfüllung, Füllung lingual-okklusal-bukkal
12. d. M. (Folgemonat)	45	Röntgenaufnahme, Befund: tief frakturiert
	47, 46, 45	Leitungsanästhesie, lappiges Fibrom entfernt
	45	Extraktion, Wundversorgung
	45	Röntgen-Kontrollaufnahme, o. B.
15. d. M.	47, 46, 45	Nachbehandlung (1 Op-Gebiet)

Fall 11

Erfassen Sie diesen Fall für folgenden Patienten:

Cedric Chopin, geb. am 30.08.1991, wohnhaft in der Trompetengasse 25, 01257 Dresden

1. Herr Chopin ist **Kassenpatient;** wählen Sie eine Krankenkasse Ihres KZV-Bereiches.
   - Rechnen Sie handschriftlich ab, z. B. auf Erfassungsschein.
   - Rechnen Sie mithilfe eines Abrechnungsprogramms ab.
2. Herr Chopin ist **Privatpatient.**
   - Liquidieren Sie handschriftlich.
   - Liquidieren Sie mithilfe eines Abrechnungsprogramms.

Datum	Zähne	erbrachte Leistungen
02. d. M.	35, 45	Lokale Untersuchung und Beratung (eingehende Untersuchung war im Vormonat)
	35	Leitungsanästhesie, Wunde ausgekratzt (Extraktion war am 29. des Vormonats)
	45	Sensibilitätsprüfung, Leitungsanästhesie wegen Schmerzen, Trepanation des pulpatoten Zahnes (Zahn soll offen bleiben)
	24	Füllungen distal-okklusal und bukkal
10. d. M.	11, 21	Infiltrationsanästhesien, Kronen entfernt, indirekte Überkappungen, Unterfüllungen, Kronen wieder aufgesetzt
12. d. M.	45, 35	Röntgenaufnahmen, Befund: 45 = Granulom
	45	Leitungsanästhesie, Extraktion des Zahnes
20. d. M	36	Sensibilitätsprüfung (positiv), Leitungsanästhesie, Füllung okklusal-lingual
25. d. M.	48	Röntgenaufnahme, Befund: verlagert Leitungsanästhesie, Entfernung des Zahnes durch Osteotomie, Anästhesie wegen langer Dauer wiederholt, Blutung durch Umstechen des Gefäßes gestillt
27. d. M.	 48	22:30 Uhr (Sonntag): Besuch beim Patienten, 4,3 km Entfernung nochmals starke Blutung gestillt, Naht erneuert, Rezept über Schmerzmittel (Ibuprofen) ausgestellt; 35 Minuten beim Patienten verbracht
30. d. M.	48	Nachbehandlung
Folgemonat: 05. d. M.	48	Nachbehandlung mit Beratung
15. d. M.	44	Leitungsanästhesie, Extraktion, Tamponade gelegt
	31, 32	Leitungsanästhesie, Extraktionen
	44, 31, 32	Alveolotomie, Wundversorgung
20. d. M.	44	Tamponade entfernt (1 Op-Gebiet)
	31, 32	Nachbehandlung (1 Op-Gebiet)
24. d. M.	44, 31, 32	Nachbehandlungen (2 Op-Gebiete)
Folgemonat bzw. neues Quartal: 02. d. M.	14, 13 13 13, 14	Röntgenaufnahme, Befund: Zyste an 13 Patienten über geplante Maßnahmen beraten Infiltrationsanästhesie, Wurzelspitzenresektionen an beiden Zähnen, an Zahn 14 sind 2 getrennte Zugänge notwendig Zystostomie, Anästhesie wegen langer Dauer der Operation wiederholt orthograde Wurzelkanalbehandlung mit Röntgenmess- und Kontrollaufnahme, Wundversorgung, Naht
05. d. M.	14, 13	Infiltrationsanästhesie, Naht erneuert
09. d. M.	14, 13	Naht entfernt (1 Op-Gebiet), Beratung
14. d. M.	14, 13	Nachbehandlung, Füllungen jeweils mesial-palatinal-distal

Fall 12

Erfassen Sie diesen Fall für folgenden Patienten:

Frederic Rossini, geb. am 21.12.1961, wohnhaft in der Krankengasse 44, 45359 Essen

1. Herr Rossini ist **Kassenpatient;** wählen Sie eine Krankenkasse Ihres KZV-Bereiches.
   - Rechnen Sie handschriftlich ab, z. B. auf Erfassungsschein.
   - Rechnen Sie mithilfe eines Abrechnungsprogramms ab.
2. Herr Rossini ist **Privatpatient.**
   - Liquidieren Sie handschriftlich.
   - Liquidieren Sie mithilfe eines Abrechnungsprogramms.

Datum	Zähne	erbrachte Leistungen
02. d. M.	16	21:30 Uhr: Lokale Untersuchung und Beratung Oberflächenanästhesie, submukösen Abszess bei Zahn 16 eröffnet, Tamponade gelegt Röntgenaufnahme, Befund: beherdet
05. d. M.	16	Tamponade entfernt
		Eingehende Untersuchung und Beratung Befund: 16, 32, 36, 42 = zerstört 14, 21, 26 = kariös 48, 38 = fehlen Zahnstein, Mundkrankheiten
		Zahnstein und Konkremente entfernt; Stomatitis behandelt (OK)
08. d. M.		nochmalige Behandlung der Stomatitis (OK)
	47–45, 42, 32, 36	Sensibilitätsprüfung und Röntgenaufnahmen Befund: 47, 46, 45 = keine apikalen Veränderungen (o. B.) 42, 32, 36 = beherdet
13. d. M.	16	Infiltrationsanästhesie, Extraktion, Wunde mit scharfem Löffel ausgekratzt, Tamponade, Naht gelegt
18. d. M.	16	Naht und Tamponade entfernt
	21	Infiltrationsanästhesie, indirekte Überkappung, provisorischer Verschluss
23. d. M.	14, 21	jeweils Separation notwendig, Füllungen je mesial-palatinal
Folgemonat: 10. d. M.	42	Beratung, Leitungsanästhesie, Extraktion
	32, 36	Leitungsanästhesie, Extraktionen
	42, 32, 36	Tamponaden gelegt
15. d. M.	42, 32, 36	Tamponaden erneuert (3 Op-Gebiete)
15. d. M.	36	20:40 Uhr (außerhalb der Sprechstunde): Tamponadenwechsel
18. d. M.		alle Tamponaden im UK entfernt, Nachbehandlung (3 Op-Gebiete)
22. d. M.	26	Sensibilitätsprüfung (+), Infiltrationsanästhesie, Exstirpation der vitalen Pulpa des dreiwurzeligen Zahnes, Wurzelkanalaufbereitungen, Röntgenmessaufnahme, medizinische Einlage, provisorischer Verschluss
Folgemonat: 02. d. M.	26	Wurzelkanalfüllung, Röntgenkontrollaufnahme: Befund: WF bis Apex; Unterfüllung, Füllung mesial-okklusal-distal

Fall 13

Erfassen Sie diesen Fall für folgende Patientin:

Karin Gluck, geb. am 25.08.1966, wohnhaft in der Badstubengasse 13, 65925 Frankfurt

1. Frau Gluck ist **Kassenpatientin**; wählen Sie eine Krankenkasse Ihres KZV-Bereiches.
   - Rechnen Sie handschriftlich ab, z. B. auf Erfassungsschein.
   - Rechnen Sie mithilfe eines Abrechnungsprogramms ab.
2. Frau Gluck ist **Privatpatientin**.
   - Liquidieren Sie handschriftlich.
   - Liquidieren Sie mithilfe eines Abrechnungsprogramms.

Datum	Zähne	erbrachte Leistungen
03. d. M.		Eingehende Untersuchung und Beratung Befund: 14, 13, 21, 22, 24, 32, 34, 44, 45 = kariös 18, 17, 16, 25, 27 = zerstört 47, 46, 36, 37 = fehlen 48–46 = Epulis
	21	Sensibilitätsprüfung (–), Trepanation des Zahnes, Wurzelkanalaufbereitung, medizinische Einlage, provisorischer Verschluss
10. d. M.		OPG Röntgenaufnahme wegen starker Schmerzen Befund: 18, 17, 16, 25, 27 = tief zerstört 21 = Granulom 42 = Zyste
	21	Infiltrationsanästhesie, Extraktion
12. d. M.	18, 17	Infiltrationsanästhesie, Zähne extrahiert, Tuberplastik (linker Tuber), Naht
	21	Nachbehandlung
	16	Infiltrationsanästhesie, Hemisektion des wurzelgefüllten Zahnes zur Aufnahme einer Krone (Erhaltung der Zahnreihe)
13. d. M.	18	Oberflächenanästhesie, oberflächlichen Sequester entfernt
19. d. M.	18, 17	Nähte entfernt, Nachbehandlung
23. d. M.	25, 27	Infiltrationsanästhesien, Extraktionen
25. d. M.	24	Füllung okklusal-bukkal
	14	Infiltrationsanästhesie, direkte Überkappung, provisorischer Verschluss
26. d. M.	26	19:00 Uhr (nach der Sprechstunde): Patient hat starke Schmerzen: Infiltrationsanästhesie, Extraktion, resorbierbare Tamponade
29. d. M.	14, 13, 22	Infiltrationsanästhesien
	14	Füllung mesial-okklusal-distal
	13, 22	jeweils Füllung palatinal-distal/zervikal
Folgemonat: 02. d. M.	45, 44, 32, 34	Leitungsanästhesien
	45	Füllung distal-okklusal-bukkal mit 2 Stiften im Dentin verankert (2,40 € je Stift)
	44	Füllung okklusal
	34	Füllung bukkal
	32	Füllung inzisal
12. d. M.	48–46	Beratung, Leitungsanästhesie, Epulis entfernt
14. d. M.	48–46	Nachbehandlung
19. d. M.	42, 41	Leitungs- und Infiltrationsanästhesie, Wurzelspitzenresektionen, orthograde Wurzelkanalbehandlung mit Röntgenmess- und Kontrollaufnahme, Zystostomie an Zahn 42, Wundversorgung, jeweils okklusale Füllung
20. d. M.	42, 41	Nachbehandlung (1 Op-Gebiet)
25. d. M.	42, 41	Nachbehandlung (1 Op-Gebiet)

Fall 14

Erfassen Sie diesen Fall für folgenden Patienten:

Christof Haendel, geb. am 29.09.1949, wohnhaft im Drosselhain 13, 64283 Darmstadt

1. Herr Haendel ist **Kassenpatient;** wählen Sie eine Krankenkasse Ihres KZV-Bereiches.
   - Rechnen Sie handschriftlich ab, z. B. auf Erfassungsschein.
   - Rechnen Sie mithilfe eines Abrechnungsprogramms ab.
2. Herr Haendel ist **Privatpatient.**
   - Liquidieren Sie handschriftlich.
   - Liquidieren Sie mithilfe eines Abrechnungsprogramms.

Datum	Zähne	erbrachte Leistungen
27. d. M.	 18	21:00 Uhr, Patient wurde in die Praxis bestellt: Lokale Untersuchung und Beratung, Zahn 18 ist zerstört
	18	Infiltrationsanästhesie, Extraktion
28. d. M.		05:30 Uhr, Besuch beim Patienten, 4,4 km Entfernung Arbeitsunfähigkeitsbescheinigung ausgestellt, Rezept über Schmerzmittel ausgestellt
Folgemonat: 02. d. M.	 23, 14, 15	Fortsetzung der Behandlung in der Praxis Röntgenaufnahmen, Befund: 23 = apikale Aufhellung 15 = Zyste
	23	Infiltrationsanästhesie, Wurzelspitzenresektion, orthograde Wurzelkanalbehandlung mit Röntgenmess- und Kontrollaufnahme, Naht, Füllung okklusal
	15	Infiltrationsanästhesie, Entfernung der Zyste durch Zystostomie
04. d. M.	15	Nachbehandlung
	23	Nachbehandlung, Erneuerung der Naht
09. d. M.	23	Naht entfernt
	15	Nachbehandlung
Folgemonat: 10. d. M.		Eingehende Untersuchung und Beratung Befund: 18, 26, 28, 38, 48 = fehlen 44, 43, 32, 37 = kariös
	18, 25, 26, 27, 28, 48, 44, 43, 32, 37, 38	Röntgenaufnahmen Befund: 18, 28, 48, 38 = angelegt 26 = Wurzelrest 44, 43, 32, 37 = Sekundärkaries 18–14 = Knochensplitter in Kieferhöhle
	44 ,43, 32, 37	Leitungsanästhesien
	44	Füllung okklusal-mesial
	43	Füllung labial-distal
	32	distaler Eckenaufbau unter Einbeziehung der Scheidekante, mit 2 Stiften im Dentin verankert (2,40 € je Stift)
	37	Füllungen okklusal-mesial und distal-bukkal
20. d. M.	25–27	Infiltrationsanästhesien, Entfernung der alten Brücke (Anker auf 25 und 27)
	26	Wurzelrest durch Osteotomie entfernt, Wundversorgung, Naht
	25, 27	provisorischer Schutz der Zähne durch prov. Kronen (Vermerk in Karteikarte)
25. d. M.	26	Naht entfernt
Folgemonat: 04. d. M.	18–14	Leitungsanästhesie, operative Entfernung des entzündeten Knochensplitters; Naht gelegt; Rezept über Antibiotikum ausgestellt
08. d. M.	18–14	Infiltrationsanästhesien zur Wundbehandlung, dabei Naht erneuert
11. d. M.	18–14	Naht entfernt, Wunde o. B. (1 Op-Gebiet)

Fall 1

Patientin: Petra Lage, geb. am 13.12.1966, wohnhaft im Robert-Koch-Weg 27, 64238 Darmstadt

Frau Lage ist **Kassenpatientin** und klagt – trotz ausreichender Mundhygiene – über häufiges Zahnfleischbluten, Schmerzen im Bereich des Zahnfleisches und druckbewegliche Zähne.

Am 03.04. wird im Rahmen einer eingehenden Untersuchung der PSI-Code erhoben, mit welchem im 1., 3. und 6. Sextanten Code 3 und im 2., 4. und 5. Sextanten Code 4 ermittelt wird. Nach Entfernung von Zahnstein und Konkrementen wird der Par-Status erhoben:

fehlend	18, 17, 14, 24, 28, 38, 36, 35, 47, 48
nicht erhaltungswürdig	16

freiliegende Bifurkation bei Zahn 37 (Grad 2)

freiliegende Trifurkation bei Zahn 27 (Grad 1)

vertiefte Zahnfleischtaschen (Zahn/mesiale Taschentiefe/distale Taschentiefe)

OK: (15/4/4), (13/5/4), (12/4/4), (11/8/5), (21/8/6), (22/5/6), (23/4/4), (25/4/4), (26/4/5), (27/6/5)

UK: (37/6/5), (34/4/3), (33/6/5), (32/6/6), (31/6/6), (41/6/6), (42/6/5), (43/5/5), (44/5/4), (45/6/6), (46/6/5)

Rezessionen

Zahn 11–22 = 3 mm	Zahn 31–33 = 4 mm	Zahn 45–46 = 5 mm

Lockerungsgrade

Lockerungsgrad 1 (gering horizontal)	Zahn 13, 26, 43, 44
Lockerungsgrad 2 (moderat horizontal)	Zahn 22, 27, 37, 33, 45, 46
Lockerungsgrad 3 (ausgeprägt horizontal)	Zahn 11, 21

Eine Taschentherapie (geschlossenes Vorgehen) ist an allen Zähnen mit vertieften Zahnfleischtaschen geplant. Für die Nachbehandlung sind 4 Sitzungen geplant. Die Material- und Laborkosten werden auf 24,00 € geschätzt.

Erstellen Sie den Par-Status und den Behandlungsplan.

Fall 2

Patient: Walter Bruch, geb. am 22.11.1955, wohnhaft im Fichtenhain 220, 64238 Darmstadt

Bei dem **Kassenpatienten** Walter Bruch wird – nach einer parodontologisch sinnvollen Vorbehandlung – am 17.06. ein Par-Status mit folgendem Befund und Behandlungsplan erhoben:

fehlend 18, 25, 26, 28, 38, 48

freiliegende Bifurkation bei Zahn 46 (Grad 1)

freiliegende Trifurkation bei Zahn 27 (Grad 2)

vertiefte Zahnfleischtaschen (Zahn/mesiale Taschentiefe/distale Taschentiefe)

OK: (17/5/6), (16/4/5), (15/4/5), (14/4/4), (12/5/4), (11/6/5), (21/6/5), (22/5/4), (23/4/4), (24/4/4), (27/6/6)

UK: (37/5/6), (36/5/6), (35/5/5), (34/4/4), (33/5/4), (32/5/5), (31/6/5), (41/6/7), (42/7/6), (43/5/4), (44/4/5), (45/5/6), (46/6/6), (47/6/6)

Rezessionen

Zahn 17–14 = 4 mm Zahn 27 = 3 mm Zahn 34–37 = 5 mm Zahn 45–47 = 4 mm

Lockerungsgrade

Lockerungsgrad 1 (gering horizontal) Zahn 17–15

Lockerungsgrad 2 (moderat horizontal) Zahn 37–36

Eine Taschentherapie (geschlossenes Vorgehen) ist an allen Zähnen mit vertieften Zahnfleischtaschen geplant. Für die Nachbehandlung sind 2 Sitzungen geplant. Die Material- und Laborkosten werden auf 24,00 € geschätzt.

Erstellen Sie den Par-Status und den Behandlungsplan.

Fall 3

Patientin: Petra Lage, geb. am 13.12.1966, wohnhaft im Robert-Koch-Weg 27, 64238 Darmstadt

Frau Lage ist **Privatpatientin.** Im Rahmen einer Par-Behandlung werden bei ihr folgende Leistungen erbracht:

Datum	Zahn/Zähne	Leistungen
03.04.		vollständige Untersuchung des gesamten stomatognathen Systems einschließlich ausführlicher Beratung mit folgendem Befund:
		fehlend 18, 17, 14, 24, 28, 38, 36, 35, 47, 48 nicht erhaltungswürdig 16 freiliegende Bifurkation bei Zahn 37 (Grad 2) freiliegende Trifurkation bei Zahn 27 (Grad 1)
		vertiefte Zahnfleischtaschen (Zahn/mesial/distal)
	OK:	(15/4/4), (13/5/4), (12/4/4), (11/8/5), (21/8/6), (22/5/6), (23/4/4), (25/4/4), (26/4/5), (27/6/5)
	UK:	(37/6/5), (34/4/3), (33/6/5), (32/6/6), (31/6/6), (41/6/6), (42/6/5), (43/5/5), (44/5/4), (45/6/6), (46/6/5)
	16	Extraktion nach Infiltrationsanästhesie
10.04.	OK, UK	an allen Zähnen Entfernung von harten und weichen Zahnbelägen unter Ober¬flächenanästhesie
	OK, UK	Orthopantomogramm zur diagnostischen Auswertung Abformung beider Kiefer und Erstellung eines Par-Status auf dem entsprechenden Formular
15.04.	13–23, 34–44	Behandlung der entzündeten Zahnfleischtaschen
20.04.	OK	Infiltrationsanästhesien an allen erkrankten Zähnen An diesen Zähnen werden subgingivale Konkremente entfernt sowie entzündetes Zahnfleisch exzisiert.
26.04.	UK 32–42 33, 34, 37 43–46	beidseitige Leitungsanästhesie Lappenoperationen einschließlich Osteoplastik Konkremententfernung einschließlich Gingivokürettage Konkremententfernung einschließlich Gingivokürettage
02.05.	OK	parodontale Nachbehandlung aller Zähne im OK
06.05.	UK	parodontale Nachbehandlung aller Zähne im UK
10.05.	OK	parodontale Nachbehandlung aller Zähne im OK
14.05.	UK	parodontale Nachbehandlung aller Zähne im UK
20.05.	OK UK	parodontale Nachbehandlung aller Zähne im OK parodontale Nachbehandlung aller Zähne im UK

Erstellen Sie den Par-Status und den Behandlungsplan.

Fall 4

Patient: Walter Bruch, geb. am 22.11.1955, wohnhaft in Fichtenhain 220, 64238 Darmstadt

Herr Bruch ist **Privatpatient**. Im Rahmen einer Par-Behandlung werden bei ihm folgende Leistungen erbracht:

Datum	Zahn/Zähne	Leistungen
17.06.		Eingehende Untersuchung mit Beratung, OPG und Aufstellen eines Par-Status. Dabei wird folgender Befund erhoben: fehlend 18, 25, 26, 28, 38, 48 freiliegende Bifurkation bei Zahn 46 (Grad 1) freiliegende Trifurkation bei Zahn 27 (Grad 2) enzündetes Zahnfleisch, vor allem im OK **vertiefte Zahnfleischtaschen (Zahn/mesial/distal)**
	OK:	(17/5/6), (16/4/5), (15/4/5), (14/4/4), (12/5/4), (11/6/5), (21/6/5), (22/5/4), (23/4/4), (24/4/4), (27/6/6)
	UK:	(37/5/6), (36/5/6), (35/5/5), (34/4/4), (33/5/4), (32/5/5), (31/6/5), (41/6/7), (42/7/6), (43/5/4), (44/4/5), (45/5/6), (46/6/6), (47/6/6)
25.06.	OK, UK OK	Entfernung weicher und harter Zahnbeläge an allen Zähnen Behandlung von Zahnfleischentzündungen im gesamten OK-Bereich unter Infiltrationsanästhesie
28.06.	UK	Behandlung von entzündeten Zahnfleischtaschen im Bereich 37–47 unter Oberflächenanästhesie
03.07.	OK	Infiltrationsanästhesie an allen Zähnen mit vertieften Zahnfleischtaschen, Entfernung von subgingivalen Konkrementen und Exzision von entzündetem Zahnfleisch an diesen Zähnen
08.07.	UK	beidseitige Leitungsanästhesie Entfernung von subgingivalen Konkrementen und Exzision von entzündetem Zahnfleisch an diesen Zähnen
13.07.	OK	parodontale Nachbehandlung aller behandelten Zähne
16.07.	UK	parodontale Nachbehandlung aller behandelten Zähne
21.07.	OK, UK	parodontale Nachbehandlung aller behandelten Zähne

Erstellen Sie den Par-Status und den Behandlungsplan.

Fall 1

Patient: Florian Petermann, geb. am 07.08.1993

Adresse: Bernauerweg 22, 64238 Darmstadt

Herr Petermann erscheint am 01.09.2004 zum ersten Mal zur individualprophylaktischen Beratung und Behandlung. In der Folgezeit werden die nachfolgenden Leistungen erbracht.

Rechnen Sie diese Leistungen ab unter der Annahme
a) Herr Petermann ist **Kassenpatient.**
b) Herr Petermann ist **Privatpatient.**

Datum	Zahn/Zähne	Leistungen
01.06.		Eingehende Untersuchung und Beratung Befund: Wechselgebiss mit kariesfreien Prämolaren und Molaren im OK Die Zähne 36, 37, 46, 47 sind kariös. Die Zähne 18, 28, 38, 48 fehlen. Beratung über die Notwendigkeit einer individiualprophylaktischen Behandlung und über die Bonusregelung
04.06.		Erstellen des Papillen-Blutungs-Index (PBI) und des Approximalraum-Plaque-Index (API) Anfärben der Zähne mit Übung der korrekten Zahnputz- und Hygienetechniken Unterweisung über zahngesunde Ernährung
	Zähne 4–7	Bissflügelaufnahmen der Zähne 4–7 auf jeder Seite zur Früherkennung kariöser Defekte Bonusheft ausgestellt
	36–37	Leitungsanästhesie
	36	Füllung mesial/zervikal
	37	Füllung vestibulär/zervikal
06.06.	46, 47	jeweils Füllung vestibulär/zervikal
10.06.	alle Zähne	Entfernung weicher und harter Zahnbeläge, gründliche Reinigung der Zähne Fluoridierung der Zähne in OK und UK
	16, 17, 26, 27, 36, 37, 46, 47	jeweils Spanngummi gelegt und Fissuren versiegelt
12.12.		Erneutes Erstellen von PBI und API Erneute Übung von Putztechniken und Intensivmotivation
15.12.	alle Zähne	Entfernung von weichen und harten Zahnbelägen Zähne gründlich gereinigt Fluoridierung der Zähne in OK und UK
18.12.	16, 17, 26, 27, 36, 37, 46, 47	jeweils Spanngummi gelegt und Fissuren versiegelt, weil die vorhandene Versiegelung nicht mehr ausreichend ist Eintragung der Maßnahmen in das Bonusheft

Hinweis

Die folgenden Aufgaben sollen vor allem der Einübung der seit Januar 2005 geltenden befundbezogenen Festzuschussregelung beim Kassenpatienten dienen. Gleichwohl sollen sie zum Vergleich auch für einen Privatpatienten abgerechnet werden.

Die Lösungen der Aufgaben sind auf die Abrechnungsmöglichkeit im Saarland bezogen. Abweichungen in anderen Bundesländern sind möglich und vom Anwender zu beachten.

In den Abrechnungsfällen dieses Übungsteils werden immer der Befund und die Behandlungsplanung angegeben. Die **Aufgabenstellung** ist für **alle Aufgaben gleich:**

a) **Erstellen Sie auf dem HKP nach der Regelversorgung**
- **den Befund und den Behandlungsplan,**
- **die Befunde für Festzuschüsse und**
- **die Kostenplanung (BEMA-Nummern und Anzahl)**

für einen Kassenpatienten.

b) **Geben Sie die für einen Privatpatienten abzurechnenden Gebührennummern mit Anzahl an.**

Befundklasse 1: EINZELKRONEN

Aufgabe 1

Befund: Zahn 45 ist zerstört, aber erhaltungswürdig.

Behandlungsplan: Der Zahn soll eine Gusskrone mit Hohlkehle erhalten und wird mit einer provisorischen Krone nach Abformung versorgt.

Aufgabe 2

Befund: Zahn 16 ist zerstört, aber erhaltungswürdig; die vestibuläre Zahnsubstanz ist noch erhalten.

Behandlungsplan: Der Zahn soll mit einer Teilkrone versorgt werden. Eine provisorische Krone wird nach Abformung angefertigt.

Aufgabe 3

Befund: Zahn 31 ist zerstört, aber erhaltungswürdig.

Behandlungsplan: Der Zahn wird nach Abformung zunächst mit einer provisorischen Krone und anschließend mit einer Verblendkrone auf zirkulärer Stufe versorgt.

Aufgabe 4

Befund: Zahn 45 ist zerstört, aber erhaltungswürdig.

Behandlungsplan: Der Zahn soll mit einer Krone auf zirkulärer Stufe versorgt werden, ein Aufbau mit zwei konfektionierten Stiften im Wurzelkanal ist erforderlich. Eine provisorische Krone wird nach Abformung hergestellt.

Aufgabe 5

Befund: Zahn 44 ist zerstört, aber erhaltungswürdig.

Behandlungsplan: Der Zahn soll mit einer Verblendkrone auf Hohlkehle versorgt werden, ein Aufbau mit einem konfektionierten Stift im Wurzelkanal ist erforderlich. Eine provisorische Krone wird nach Abformung hergestellt.

Aufgabe 6

Befund: Zahn 41 ist zerstört, aber erhaltungswürdig.

Behandlungsplan: Der Patient erhält eine Verblendkrone auf Hohlkehle. Ein gegossener Stiftaufbau zur Verankerung im Wurzelkanal ist nötig. Eine provisorische Krone mit Verankerung im Wurzelkanal wird nach Abformung hergestellt.

Aufgabe 7

Befund: Zahn 16 ist zerstört, aber erhaltungswürdig.

Behandlungsplan: Der Zahn soll mit einer Krone auf Tangentialpräparation versorgt werden, ein Aufbau mit zwei gegossenen Stiften im Wurzelkanal ist erforderlich. Eine provisorische Krone mit Verankerung im Wurzelkanal wird nach Abformung angefertigt.

Aufgabe 8

Befund: Zahn 15 ist zerstört, aber erhaltungswürdig.

Behandlungsplan: Der Zahn soll mit einer Verblendkrone auf Holkehlpräparation versorgt werden, ein Aufbau mit zwei gegossenen Stiften im Wurzelkanal ist erforderlich. Eine provisorische Krone mit Verankerung im Wurzelkanal wird nach Abformung angefertigt.

Aufgabe 9

Befund: Zahn 35 ist zerstört, aber erhaltungswürdig, Zahn 24 ist zerstört, aber die vestibuläre Wand ist erhalten, Zahn 22 trägt eine defekte Verblendkrone.

Behandlungsplan: Zahn 35 erhält eine Vollgusskrone mit zirkulärer Stufe, Zahn 24 erhält eine (nicht verblendete) Teilkrone und Zahn 22 eine Verblendkrone auf Hohlkehle. Es müssen provisorische Kronen mit Abformung hergestellt werden.

Befundklasse 2: BRÜCKEN

Aufgabe 1

Befund: Zahn 36 fehlt.

Behandlungsplan: Der Patient erhält zum Ersatz des fehlenden Zahnes eine Brücke mit Ankern auf den Zähnen 35 und 37, die mit Hohlkehle präpariert werden. Eine provisorische Brücke mit Abformung ist nötig.

Aufgabe 2

Befund: Die Zähne 18, 26 und 28 fehlen, Zahn 27 ist zerstört, aber erhaltungswürdig.

Behandlungsplan: Der Patient soll eine teilverblendete Brücke von 25 auf 27 erhalten. Die Ankerkronen 25 und 27 werden mit einer zirkulären Stufe präpariert. Eine provisorische Brücke wird nach Abformung angefertigt.

Aufgabe 3

Befund: Zahn 21 fehlt.

Behandlungsplan: Der Patient soll mit einer Verblendbrücke von Zahn 11 auf Zahn 22 versorgt werden. Die Zähne 11 und 22 werden mit Hohlkehle präpariert. Der Patient erhält nach Abformung eine provisorische Brücke.

Aufgabe 4

Befund: Die Zähne 38, 31, 41 und 48 fehlen, Zahn 42 ist zerstört, aber erhaltungswürdig.

Behandlungsplan: Der Patient soll eine Verblendbrücke von 32 auf 42 erhalten. Die Zähne 32 und 42 werden mit einer zirkulären Stufe präpariert. Eine provisorische Brücke wird nach Abformung hergestellt.

Aufgabe 5

Befund: Zähne 44, 45 und 46 fehlen, Zahn 47 ist mit einer erneuerungsbedürftigen Krone versorgt.

Behandlungsplan: Der Patient soll eine teilverblendete Brücke von 43 auf 47 erhalten. Die Zähne 43 und 47 werden mit Hohlkehle präpariert und dienen als Brückenanker. Die Verblendung erfolgt lt. den gesetzlichen Richtlinien. Eine provisorische Brücke wird nach Abformung angefertigt.

Aufgabe 6

Befund: Zähne 13–11 fehlen, Zahn 21 ist zerstört, aber erhaltungswürdig.

Behandlungsplan: Der Patient erhält eine Verblendbrücke von Zahn 14 auf 21. Die Zähne 14 und 21 werden mit einer Hohlkehle präpariert und dienen als Brückenanker. Eine provisorische Brücke wird nach Abformung hergestellt.

Aufgabe 7

Befund: Die Zähne 33–41 fehlen.

Behandlungsplan: Der Patient soll eine Verblendbrücke von 34 auf 42 erhalten. Die Zähne 34 und 42 werden mit zirkulärer Stufe präpariert und dienen als Brückenanker. Eine provisorische Brücke wird nach Abformung angefertigt. Ein Abdruck für ein Situationsmodell des Unterkiefers mit individuellem Löffel ist wegen der Größe der Brücke erforderlich.

Aufgabe 8

Befund: Die Zähne 21, 23, 24, 25 fehlen.

Behandlungsplan: Der Patient erhält zunächst nach Abformung eine provisorische Brücke und wird anschließend mit einer Brücke von Zahn 11 über Zahn 22 auf Zahn 26 versorgt. Die Zähne 11, 22 und 26 werden mit Hohlkehle präpariert und dienen als Brückenanker. Die Verblendung der Brücke erfolgt lt. den gesetzlichen Richtlinien. Es wird ein Planungsmodell mit individuellem Löffel hergestellt.

Aufgabe 9

Befund: Die Zähne 34, 32, 31 fehlen, Zahn 35 ist zerstört, aber erhaltungswürdig.

Behandlungsplan: Der Patient erhält zweispannige Brücke mit Ankern auf den Zähnen 35, 33 und 41, die mit Hohlkehle präpariert werden. Zahn 35 erhält einen gegossenen Stiftaufbau. Der Verblendung erfolgt lt. den gesetzlichen Richtlinien. Eine provisorische Brücke wird nach Abformung hergestellt.

Aufgabe 10

Befund: Zähne 46 und 47 fehlen, Zahn 48 ist stark gekippt.

Behandlungsplan: Der Patient erhält eine Brücke von Zahn 45 auf 48. Die Zähne 48 und 45 werden mit zirkulärer Stufe präpariert und dienen als Brückenanker. Zwischen den Brückengliedern 46 und 47 wird ein Geschiebe zur Spannungsreduktion gefertigt. Es wird nach Abformung eine provisorische Brücke hergestellt.

Befundklasse 3: TEILPROTHESEN

Aufgabe 1

Befund: Die Zähne 18, 17, 16, 24, 25, 26, 27, 28 fehlen.

Behandlungsplan: Der Patient soll eine Modellgussteilprothese zum Ersatz der fehlenden Zähne erhalten. Auf den Zähnen 15 sowie 23 ist jeweils ein gegossenes Halte- und Stützelement geplant, eine Funktionsabformung mit individuellem Löffel im OK ist wegen hohen Gaumens notwendig. Die natürlichen Zähne müssen zur Herstellung der Okklusion eingeschliffen werden.

Aufgabe 2

Befund: Die Zähne 21, 23 und 25 fehlen, Zahn 26 ist zerstört, aber erhaltungswürdig.

Behandlungsplan: Zahn 26 wird mit Hohlkehle präpariert und erhält nach Abformung zunächst eine provisorische Krone. Bei der endgültigen Versorgung erhält der Patient eine Vollgusskrone auf Zahn 26 und eine Modellgussprothese von 21–25, die mit einem gegossenen Halteelement an Zahn 26 befestigt ist. Eine Funktionsabformung mit individuellem Löffel ist notwendig.

Aufgabe 3

Befund: Die Zähne 38, 37, 36, 35 und 48 fehlen, Zahn 34 ist nicht erhaltungswürdig.

Behandlungsplan: Zahn 34 wird extrahiert. Der Patient erhält eine Modellgussprothese zum Ersatz der fehlenden Zähne 34 bis 38. Die Prothese wird an Zahn 33 und an Zahn 44 mit je einem gegossenen Halte- und Stützelement befestigt. Eine Funktionsabformung mit individuellem Löffel ist notwendig. Das Gegengebiss muss eingeschliffen werden.

Aufgabe 4

Befund: Es fehlen die Zähne 17, 16, 14, 25, 27; Zahn 28 ist vorhanden, aber nicht erhaltungswürdig. Zahn 22 ist zerstört, jedoch erhaltungswürdig.

Behandlungsplan: Zahn 28 wird extrahiert. Der Patient erhält eine Modellgussprothese zum Ersatz der fehlenden Zähne mit gegossenen Halteelementen an den Zähnen 18, 15, 13, 24 und 26. Es werden Situationsmodelle beider Kiefer mit individuellen Löffeln hergestellt. Ein Funktionsabdruck im OK mit individuellem Löffel ist wegen besonderer Kieferform notwendig. Zahn 22 erhält nach Abformung eine provisorische Krone und dann eine verblendete Krone auf Hohlkehle als endgültige Verblendung.

Aufgabe 5

Befund: Die Zähne 18, 17, 11, 21, 25, 26, 27 und 28 fehlen, Zahn 24 ist nicht erhaltungswürdig.

Behandlungsplan: Nach Extraktion des Zahnes 24 erhält der Patient eine Modellgussprothese zum Ersatz der fehlenden Zähne im Seitenzahnbereich. Es werden Situationsmodelle von OK und UK zur Planung mit individuellen Löffeln hergestellt. Die Zähne 16 und 23 erhalten gegossene Halteelemente. Die fehlenden Schneidezähne werden mit einer Verblendbrücke von 12 auf 22 ersetzt. Die Zähne 12 und 22 werden mit zirkulärer Stufe präpariert. Eine provisorische Brücke ist notwendig.

Aufgabe 6

Befund: Die Zähne 18, 17, 15, 12, 23, 24, 25, 27 und 28 fehlen.

Behandlungsplan: Der Patient erhält im Frontzahnbereich eine Verblendbrücke von Zahn 13 auf Zahn 11. Die Zähne 13 und 11 werden mit Hohlkehle präpariert und dienen als Brückenanker. Eine provisorische Brücke wird angefertigt. Im Seitenzahnbereich wird eine Modellgussprothese mit gegossenen Halte- und Stützelementen an den Zähnen 16, 14 und 26 hergestellt. Es werden Situationsmodelle beider Kiefer erstellt. Das Restgebiss muss zur vollständigen Okklusion eingeschliffen werden.

Aufgabe 7

Befund: Die Zähne 18, 17, 16, 15, 11, 21, 26, 28 fehlen. Die Zähne 25 und 27 sind nicht erhaltungswürdig. Die Zähne 23 und 24 sind zerstört, aber erhaltungswürdig.

Behandlungsplan: Die Zähne 25 und 27 werden extrahiert. Die Zähne 23 und 24 werden mit zirkulärer Stufe präpariert und mit provisorischen Kronen ohne Abformung versorgt. Es werden Verblendkronen für die Zähne 23 und 24 gefertigt. Zum Ersatz der fehlenden Seitenzähne erhält der Patient eine Modellgussprothese mit gegossenen Halteelementen an den Zähnen 14 und 24. Die Zähne 12 und 22 werden mit zirkulärer Stufe präpariert. Der Bereich 12–22 erhält zunächst eine provisorische Brücke. Als endgültige Versorgung wird eine Verblendbrücke mit Verankerung an den Zähnen 12 und 22 gefertigt. Ein Funktionsabdruck im OK und Situationsmodelle beider Kiefer (mit individuellem Löffel für den OK) sind ebenso notwendig wie das Einschleifen der natürlichen Zähne zur Herstellung der Okklusion.

Aufgabe 8

Befund: Die Zähne 18–14 sowie 24–28 fehlen.

Behandlungsplan: Die Zähne 13 und 23 werden zur Aufnahme des Primärteils einer Teleskopkrone präpariert. Für die Zähne 13 und 23 werden nach Abformung provisorische Kronen gefertigt. Es wird eine Modellgussprothese zum Ersatz der fehlenden Zähne gefertigt. An der Prothese werden als Halteelemente die Sekundärteile der Teleskopkronen von den Zähnen 13 und 23 befestigt. Ein Situationsmodell des Oberkiefers wird mit individuellem Löffel gefertigt, das Einschleifen der natürlichen Zähne zur Herstellung der Okklusion ist notwendig.

Aufgabe 9

Befund: Die Zähne 36, 35, 44–48 fehlen. Der Zahn 34 ist nicht erhaltungswürdig.

Behandlungsplan: Der Zahn 34 wird extrahiert. Der Patient erhält eine Modellgussprothese zum Ersatz der fehlenden Zähne mit Teleskopkronen an den Zähnen 43 und 33, die mit Hohlkehle präpariert werden. Zusätzlich wird die Prothese an Zahn 37 mit einem gegossenen Halteelement befestigt. Provisorische Kronen für die Zähne 33 und 43 werden ohne Abformung hergestellt. Es wird ein Situationsmodell des Unterkiefers erstellt.

Aufgabe 10

Befund: Die Zähne 38, 37, 34, 44, 45, 47 und 48 fehlen.

Behandlungsplan: Der Patient erhält eine Modellgussprothese mit Teleskopkronen als Halteelemente an den Zähnen 33 und 43 zum Ersatz der fehlenden Zähne. Provisorische Kronen werden ohne Abformung hergestellt. Zusätzlich werden zur Befestigung der Prothese gegossene Halteelemente an den Zähnen 36 und 46 benötigt. Ein Situationsmodell wird mit individuellem Löffel gefertigt und es wird ein Funktionsabdruck mit individuellem Löffel hergestellt.

Aufgabe 11

Befund: Die Zähne 18–14, 11, 21, 24, 25 sowie 27 und 28 fehlen.

Behandlungsplan: Es wird eine Modellgussprothese mit Teleskopkronen als Halteelemente an den Eckzähnen und mit einem gegossenen Halteelement an Zahn 26 zum Ersatz der fehlenden Zähne im Seitenzahnbereich hergestellt. Für den Bereich der Schneidezähne wird eine Verblendbrücke mit Ankern an den Zähnen 12 und 22, die mit Hohlkehle präpariert wurden, gefertigt. Eine provisorische Brücke und provisorische Kronen für 13 und 23 werden mit Abformung hergestellt. Es müssen sowohl ein Funktionsabdruck mit individuellem Löffel als auch zwei Situationsmodelle für OK und UK, jeweils mit individuellem Löffel, angefertigt werden. Das Einschleifen des Gebisses zum Artikulationsausgleich und zur Herstellung der Okklusion ist notwendig.

Aufgabe 12

Befund: Die Zähne 48, 47, 45, 44, 41, 34, 35 und 38 fehlen. Zahn 43 ist zerstört, aber erhaltungswürdig. Auf Zahn 33 befindet sich eine erneuerungsbedürftige Krone.

Behandlungsplan: Der Patient erhält eine Modellgussprothese mit je einer Teleskopkrone auf 33 und 43 und je einem gegossenen Halteelement an den Zähnen 36 und 46. Es müssen provisorische Kronen für die Zähne 33 und 43 (ohne Abformung) sowie ein Funktionsabdruck mit individuellem Löffel angefertigt werden.

Befundklasse 4: TOTALPROTHESEN

Aufgabe 1

Befund: Zähne 13 und 26 sind zerstört, aber erhaltungswürdig, Zahn 23 ist nicht erhaltungswürdig, alle anderen Zähne des Oberkiefers fehlen.

Behandlungsplan: Zahn 23 wird extrahiert. Der Patient erhält eine Kunststoffprothese zum Ersatz der fehlenden Zähne im OK. Die Zähne 13 und 26 erhalten Teleskopkronen als Anker für die Prothese. Provisorische Kronen für die Zähne 13 und 26 werden ohne Abformung angefertigt. Für den OK muss ein Arbeitsmodell mit individuellem Löffel und ein Funktionsabdruck mit individuellem Löffel angefertigt werden.

Aufgabe 2

Befund: Der OK ist zahnlos. Die vorhandene Prothese ist unbrauchbar.

Behandlungsplan: Der Patient soll mit einer Kunststoffprothese versorgt werden. Zur Herstellung der Prothese sind eine Funktionsabformung mit individuellem Löffel und zum Abschluss der Behandlung die Beseitigung von groben Artikulationsstörungen nötig.

Aufgabe 3

Befund: Der UK ist zahnlos. Die vorhandene Prothese ist defekt.

Behandlungsplan: Der Patient soll mit einer neuen Kunststoffprothese versorgt werden. Eine Abformung zur Herstellung eines Arbeitsmodells wird mit individuellem Löffel gefertigt. Es wird ein Funktionsabdruck gemacht. Zur Festlegung der genauen Lagebeziehung zum Gegenkiefer ist eine Stützstiftregistrierung erforderlich.

Aufgabe 4

Befund: Der OK ist bis auf die Zähne 13 und 27 zahnlos. Die fehlenden Zähne sind durch eine Cover-Denture-Prothese mit Wurzelstiftkappen auf 13 und 27 ersetzt. Die Prothese sowie die Wurzelstiftkappen sind erneuerungsbedürftig.

Behandlungsplan: Für die Zähne 13 und 27 werden provisorische Kronen mit Stiftverankerung nach Abformung gefertigt. Der Patient erhält eine neue Cover-Denture-Prothese mit Wurzelstiftkappen auf 13 und 27 als Halteelemente. Zur Herstellung der Prothese werden Planungsmodelle für OK und UK mit individuellen Löffeln erstellt. Im OK ist ein Funktionsabdruck nötig.

Aufgabe 5

Befund: Der UK ist zahnlos bis auf 33, 43 und 46. Eine defekte Cover-Denture-Prothese mit Wurzelstiftkappen an 33, 43 und 46 muss erneuert werden.

Behandlungsplan: Der Patient erhält eine neue Cover-Denture-Prothese von 38 bis 48 mit neuen Wurzelstiftkappen auf 33 und 43 sowie auf 46. Zur Herstellung der Prothese ist eine Funktionsabformung mit individuellem Löffel sowie die Herstellung von Planungsmodellen mit individuellen Löffeln für OK und UK nötig. Für die Zähne 33, 43 und 46 werden provisorische Kronen mit Stiftverankerung nach Abformung gefertigt. Artikulationsstörungen müssen durch Beschleifen der UK-Zähne beseitigt werden.

Aufgabe 6

Befund: OK und UK sind komplett zahnlos. Die vorhandenen Prothesen sind erneuerungsbedürftig. Es bestehen Exostosen im Unterkiefer.

Behandlungsplan: Der Patient erhält im OK eine Kunststoffprothese und im UK eine Modellgussprothese. Es erfolgt eine Stützstiftregistrierung. Zur Herstellung der Prothesen sind in beiden Kiefern Funktionsabformungen mit individuellen Löffeln nötig und es müssen Arbeitsmodelle mit individuellen Löffeln hergestellt werden.

Kombinierte prothetische Versorgungen

Aufgabe 1

Befund: Die Zähne 18, 26, 28, 38–36, 46–48 fehlen; 14, 13, 44 klinisch intakte Kronen; 24, 25, 27 sind zerstört, aber erhaltungswürdig; die Zähne 35, 45 sind nicht erhaltungswürdig.

Behandlungsplan: Die Zähne 24, 25 und 27 werden mit Hohlkehle präpariert. Zahn 24 erhält eine provisorische Krone und der Bereich 25–27 eine provisorische Brücke. Anschließend erhält Zahn 24 eine Verblendkrone, der Bereich 25–27 wird durch eine Brücke mit Ankern auf den Zähnen 25 und 27 versorgt. Die Verblendung erfolgt lt. den gesetzlichen Richtlinien. Die Zähne 35 und 45 werden extrahiert. Die fehlenden Zähne im UK werden durch eine Teilprothese mit gegossenen Halteelementen an den Zähnen 34 und 44 ersetzt. Ein Abdruck im UK mit individuellem Löffel zur Herstellung eines Planungsmodells ist notwendig.

Aufgabe 2

Befund: OK: Eine defekte Cover-Denture-Prothese ersetzt die Zähne 18–22, 25, 27–28; am Zahn 26 Lückenschluss; Zahn 24 trägt eine erneuerungsbedürftige Krone

UK: Die Zähne 38–36, 34, 46, 48 fehlen

Behandlungsplan: OK: Die Cover-Denture-Prothese wird ersetzt, dabei erhalten die Zähne 23 und 24 Teleskopkronen. Es werden provisorische Kronen für die Zähne 23 und 24 hergestellt. UK: Es wird eine Modellguss-Teilprothese für die fehlenden Zähne hergestellt mit gegossenen Halte- und Stützelementen an den Zähnen 35, 33, 45 und 47.
Wegen engem Kiefer werden Arbeitsmodelle mit individuellen Löffeln hergestellt. Es wird ein Funktionsabdruck im OK mit individuellem Löffel gemacht. Einschleifmaßnahmen der natürlichen Zähne sind notwendig.

Aufgabe 2

Aufgabe 3

Datum	Zahn	Leistung
09. d. M.		Eingehende Untersuchung und Beratung Befund:14, 37, 33, 31, 41, 42, 45 = zerstört 18, 11, 22, 26 = kariös
	18, 11, 22, 26	Röntgenaufnahmen; Befund: 18, 11, 22, 23, 26 = Sekundärkaries
	18, 11, 22, 26 18 11 22 26	Infiltrationsanästhesien beim Legen der Füllungen Füllung okklusal mesialer und distaler Eckenaufbau unter Einbeziehung der Schneidekante Füllung labial/zervikal Füllung okklusal-mesial
11. d. M.	23, 45, 42–31, 33	Füllung labial-distal-palatinal nach Infiltrationsanästesien, starke Schmerzen im UK, OPG wegen Herdsuche, Leitungsanästhesien, Extraktion der Zähne, Tamponaden gelegt
16. d. M.	45, 42–31, 33	Nachbehandlung; Tamponade entfernt (3 Op-Gebiete)
	28	Röntgenaufnahme, Befund: verlagert Infiltrationsanästhesie, Entfernung durch Osteotomie, Naht, Wundversorgung; Röntgenkontrollaufnahme; Befund: kein Wurzelrest
20. d. M.	28	Oberflächenanästhesie, kleiner Sequester entfernt, Naht erneuert
26. d. M.	28	Naht entfernt
Folgemonat 02. d. M.	14	Infiltrationsanästhesie, Extraktion des Zahnes
	37	Leitungsanästhesie, Extraktion des Zahnes, Wundversorgung
05. d. M.		Kontrolle aller Extraktionswunden aus diesem Behandlungsfall: keine weiteren Maßnahmen erforderlich Beratung über den geplanten Zahnersatz; ein HKP wird erstellt: Im UK ist eine Teilprothese zum Ersatz der fehlenden Zähne geplant. Dabei werden die Zähne 34, 44 und 46 mit einem gegossenen Halteelement versehen. Es werden Situationsmodelle beider Kiefer mit individuellen Löffeln erstellt. Die geschätzten Material- und Laborkosten betragen 255,00 €.
09. d. M.		Eingliederung der Teilprothese im UK

a) Rechnen Sie die konservierend/chirurgischen Behandlungsmaßnahmen (auf einem Erfassungsschein) ab. Benutzen Sie die Daten eines Patienten Ihrer Wahl.

b) Erstellen Sie
– Befund und Behandlungsplan
– Befunde für Festzuschüsse
– Kostenplanung nach BEMA
für die Beantragung der Versorgung für einen Kassenpatienten auf dem HKP.

c) Erstellen Sie die Privatliquidation für einen Privatpatienten mit den Patientendaten Ihrer Wahl.

Hinweise zu den Lösungen

Für die Lösungen nach BEMA war der Erfassungsschein die Darstellung unserer Wahl, weil hier die Einhaltung der Abrechnungsbestimmungen deutlich ersichtlich ist. Der Karteiblattausdruck schied aus, weil die Vielzahl an Zahnarztsoftware zu einer Vielzahl verschiedenster Ausdrucke führt, welche nur schlecht vergleichbar sind. Trotzdem kann ein Karteiblattdruck erstellt und mit der jeweiligen vorliegenden Lösung abgeglichen werden.

Für die Lösungen nach GOZ wurde mit einer Zahnarztsoftware jeweils eine Liquidation erstellt. Dies ist hier möglich, da es für die Privatliquidation Mindestanforderungen gibt und deshalb kaum Abweichungen zwischen den unterschiedlichen Programmen existieren.

Auf alternative Lösungsmöglichkeiten, welche in Einzelfällen möglich sind, wurde verzichtet. Auch auf Erläuterungen zu den Lösungen wurde verzichtet, um den Lerneffekt, der mit der Analyse einer Lösung verbunden ist, nicht zu gefährden.

Fall 1 – BEMA-Lösung

Datum	Zahn	Leistung	Bemerkung	Datum	Zahn	Leistung	Bemerkung
2410		01		0711	12	12	
	47	133	215			133	435
	45	133	123		21	133	145
2810	41	132	14		11	134	1245
	31	132	14		22	133	351
0211	34	133	234		23	131	4
	35	132	21	2511	36	136	23
	17	133	425		37	136	21
	15	131	2				
	26	131	5				

Fall 1 – GOZ-Lösung

Dr. Fritz Müller · Zahnarzt

Dr. Fritz Müller, Zahnarzt, Buttstegge 1, 48734 Reken

Herrn
Benjamin Blum
Heidengarten 24
66787 Wadgassen

Buttstegge 1
Tel.: 02864 94920
Fax: 02864 949222

Deutsche Bank Reken
BLZ: 600 000 01
Nr.: 130 120 900

Dresdner Bank Reken
BLZ: 600 000 02
Nr.: 822 005 918

Commerzbank Reken
BLZ: 600 000 03
Nr.: 13 6322 000

Rechnung Nr. 12-0003 Original

48734 Reken, 16.05.2012

Für zahnärztliche Behandlung gestatte ich mir **1.156,15 €** in Rechnung zu stellen.

Datum	Zahn	Nr.	Leistung	Anz.	Faktor	Betrag
24.05.2012		0010	Untersuchung zur Feststellung von Erkrankungen	1	2,3	12,94 €
		Ä0001	Beratung – auch mittels Fernsprecher –	1	2,3	10,72 €
	47	2090	Präparieren einer Kavität, dreiflächig	1	2,3	38,42 €
	45	2090	Präparieren einer Kavität, dreiflächig	1	2,3	38,42 €
28.05.2012	41	2080	Kompositfüllung in Adhäsivtechnik, zweiflächig	1	2,3	71,92 €
	31	2080	Kompositfüllung in Adhäsivtechnik, zweiflächig	1	2,3	71,92 €
02.06.2012	34	2100	Kompositfüllung in Adhäsivtechnik, dreiflächig	1	2,3	83,05 €
	35	2070	Präparieren einer Kavität, zweiflächig	1	2,3	31,30 €
	17	2090	Präparieren einer Kavität, dreiflächig	1	2,3	38,42 €
	15	2060	Kompositfüllung in Adhäsivtechnik, einflächig	1	2,3	68,17 €
	26	2050	Präparieren einer Kavität, einflächig	1	2,3	27,55 €
07.06.2012	12–23	2040	Anlegen von Spanngummi je Kieferhälfte	1	2,3	8,41 €
	12	2100	Kompositfüllung in Adhäsivtechnik, dreiflächig	1	2,3	83,05 €
	21	2100	Kompositfüllung in Adhäsivtechnik, dreiflächig	1	2,3	83,05 €
	11	2120	Kompositfüllung in Adhäsivtechnik, mehr als dreiflächig oder Eckenaufbau	1	2,3	99,60 €
	22	2100	Kompositfüllung in Adhäsivtechnik, dreiflächig	1	2,3	83,05 €
	23	2060	Kompositfüllung in Adhäsivtechnik, einflächig	1	2,3	68,17 €
20.06.2012	17, 26	2130	Kontrolle, Finieren/Polieren einer Restauration in separater Sitzung	2	2,3	26,90 €
25.06.2012	36	2080	Kompositfüllung in Adhäsivtechnik, zweiflächig	1	2,3	71,92 €
	37	2080	Kompositfüllung in Adhäsivtechnik, zweiflächig	1	2,3	71,92 €
30.06.2012	37–35, 45, 47	2130	Kontrolle, Finieren/Polieren einer Restauration in separater Sitzung	5	2,3	67,25 €

Honorar	1.156,15 €
Gesamtsumme	1.156,15 €

Überweisen Sie bitte den Betrag bis zum 15.06.2012 mit Angabe von Rechnungsnummer und Rechnungsdatum auf eines der genannten Konten.

Fall 2 – BEMA-Lösung

Datum	Zahn	Leistung	Bemerkung	Datum	Zahn	Leistung	Bemerkung
3005		01		2006	25	133	125
	15	132	123			16	
	12	132	15		26	132	24
	11	132	43			601	480
	21	134	2345		27	131	4
		131	1			601	240
0406	47	132	23	2806	17	131	5
	45	132	24			131	4
1606	24	132	34	0607		1	

Mehrkostenberechnung vom 30.04. – Zahn 21

	Leistung	Geb.-Nr. nach GOZ	Honorar
	distaler Eckenaufbau (3,5-fach)	211	74,80 €
+	Füllung, einflächig (3,5-fach)	205	29,54 €
=	Gesamtbetrag		104,34 €
–	Füllung, vierflächig (0,8158 x 58)		47,32 €
–	Füllung, einflächig (0,8158 x 32)		26,11 €
=	Zuzahlung des Patienten		30,91 €

Fall 2 – GOZ-Lösung

Dr. Fritz Müller · Zahnarzt

Dr. Fritz Müller, Zahnarzt, Buttstegge 1, 48734 Reken

Herrn
Vinzenz Wagner
Schlossallee 13
66787 Wadgassen

Buttstegge 1
Tel.: 02864 94920
Fax: 02864 949222

Deutsche Bank Reken
BLZ: 600 000 01
Nr.: 130 120 900

Dresdner Bank Reken
BLZ: 600 000 02
Nr.: 822 005 918

Commerzbank Reken
BLZ: 600 000 03
Nr.: 13 6322 000

Rechnung Nr. 12-0004 Original

48734 Reken, 06.04.2012

Für zahnärztliche Behandlung gestatte ich mir **867,91 €** in Rechnung zu stellen.

Datum	Zahn	Nr.	Leistung	Anz.	Faktor	Betrag
28.02.2012		0010	Untersuchung zur Feststellung von Erkrankungen	1	2,3	12,94 €
		Ä0001	Beratung – auch mittels Fernsprecher –	1	2,3	10,72 €
	15	2180	Vorbereitung eines zerstörten Zahnes (plastisch)	1	2,3	19,40 €
	12	2080	Kompositfüllung in Adhäsivtechnik, zweiflächig	1	2,3	71,92 €
	11	2080	Kompositfüllung in Adhäsivtechnik, zweiflächig	1	2,3	71,92 €
	21	2120	Kompositfüllung in Adhäsivtechnik, mehr als dreiflächig oder Eckenaufbau	1	2,3	99,60 €
	21	2060	Kompositfüllung in Adhäsivtechnik, einflächig	1	2,3	68,17 €
04.03.2012	47	2070	Präparieren einer Kavität, zweiflächig	1	2,3	31,30 €
	45	2070	Präparieren einer Kavität, zweiflächig	1	2,3	31,30 €
16.03.2012	24	2080	Kompositfüllung in Adhäsivtechnik, zweiflächig	1	2,3	71,92 €
20.03.2012	25	2100	Kompositfüllung in Adhäsivtechnik, dreiflächig	1	2,3	83,05 €
	25		Stiftkosten	1	1	2,40 €
	26	2070	Präparieren einer Kavität, zweiflächig	1	2,3	31,30 €
	26		Stiftkosten	2	1	4,80 €
	27	2050	Präparieren einer Kavität, einflächig	1	2,3	27,55 €
	27		Stiftkosten	1	1	2,40 €
28.03.2012	17	2050	Präparieren einer Kavität, einflächig	1	2,3	27,55 €
	17	2050	Präparieren einer Kavität, einflächig	1	2,3	27,55 €
06.04.2012		Ä0001	Beratung – auch mittels Fernsprecher –	1	2,3	10,72 €
	17,15,12–21, 24–27, 45, 47	2130	Kontrolle, Finieren/Polieren einer Restauration in separater Sitzung	12	2,3	161,40 €

Honorar	858,31 €
Praxismaterial	9,60 €
Gesamtsumme	867,91 €

Überweisen Sie bitte den Betrag bis zum 06.05.2012 mit Angabe von Rechnungsnummer und Rechnungsdatum auf eines der genannten Konten.

Fall 3 – BEMA-Lösung

Datum	Zahn	Leistung	Bemerkung	Datum	Zahn	Leistung	Bemerkung
1005		1			32	133	143
		03	1430		42	133	143
0105		7504				7700	
		7820	665	3005	35	11	
0605		8			37	11	
	26	12					
		134	1245				
		16					
1405	14	9253	0				
		01					

Fall 3 – GOZ-Lösung

Dr. Fritz Müller · Zahnarzt

Dr. Fritz Müller, Zahnarzt, Buttstegge 1, 48734 Reken

Frau
Nathalie Schumann
Finkenweg 2
66111 Saarbrücken

Buttstegge 1
Tel.: 02864 94920
Fax: 02864 949222

Deutsche Bank Reken
BLZ: 600 000 01
Nr.: 130 120 900

Dresdner Bank Reken
BLZ: 600 000 02
Nr.: 822 005 918

Commerzbank Reken
BLZ: 600 000 03
Nr.: 13 6322 000

Rechnung Nr. 12-0005 Original

48734 Reken, 21.05.2012

Für zahnärztliche Behandlung gestatte ich mir **406,68 €** in Rechnung zu stellen.

Datum	Zahn	Nr.	Leistung	Anz.	Faktor	Betrag
01.05.2012		Ä0001	Beratung – auch mittels Fernsprecher –	1	2,3	10,72 €
		D	Zuschlag für Leist. an Samstagen/Sonn- oder Feiertagen	1	1	12,82 €
		Ä0050	Besuch, Beratung einschl. symptombezog. Untersuchung	1	2,3	42,90 €
		H	Zuschlag für Samstag, Sonn- oder Feiertag	1	1	19,82 €
		WEGE	Wegegeld gem. §8 GOÄ für Zahnärzte, je gef. Kilometer	1	1	8,00 €
	26	2020	Temporärer speicheldichter Verschluss einer Kavität	1	2,3	12,68 €
06.05.2012	26	0070	Vitalitätsprüfung von Zähnen und Vergleichstest(s), je Sitzung	1	2,3	6,47 €
	26	2040	Anlegen von Spanngummi je Kieferhälfte	1	2,3	8,41 €
	26	2110	Präparieren einer Kavität, mehr als dreiflächig oder Eckenaufbau	1	2,3	41,26 €
	26		Stiftkosten	1	1	2,40 €
14.05.2012	18–14, 24–34, 44–48	Ä5000	Strahlendiagnostik Zähne, je Projektion	4	1,8	20,96 €
	32, 42	Ä5000	Strahlendiagnostik Zähne, je Projektion	2	1,8	10,48 €
		0010	Untersuchung zur Feststellung von Erkrankungen	1	2,3	12,94 €
	32, 42	2100	Kompositfüllung in Adhäsivtechnik, dreiflächig	2	2,3	166,10 €
	37, 35	2020	Temporärer speicheldichter Verschluss einer Kavität	2	2,3	25,36 €
		Ä0070	Bescheinigung/kurzes Zeugnis/Arbeitsunfähigkeitsbesch.	1	2,3	5,36 €
30.05.2011	37, 35	202	Exkavieren und temporärer Verschluss einer Kavität	2	2,3	25,86 €

Honorar	404,28 €
Praxismaterial	2,40 €
Gesamtsumme	406,68 €

Überweisen Sie bitte den Betrag bis zum 20.06.2012 mit Angabe von Rechnungsnummer und Rechnungsdatum auf eines der genannten Konten.

Fall 4 – BEMA-Lösung

Datum	Zahn	Leistung	Bemerkung	Datum	Zahn	Leistung	Bemerkung
0810		01		2610	27	132	21
	17	131	2			131	4
	14	133	341		47	133	124
	26	131	5		46	131	2
1210	42	131	4			131	4
	32	131	4	2810	44	132	12
	41	132	15		35	132	32
	31	132	15		36	12	
2010	11	134	2345			133	235
		134	1245		37	133	214
		16					
2310	21	133	435				
		131	1				
	22	133	415				

Fall 4 – GOZ-Lösung

Dr. Fritz Müller · Zahnarzt

Dr. Fritz Müller, Zahnarzt, Buttstegge 1, 48734 Reken

Frau
Ingeborg Lortzing
Schwalbenallee 33
66333 Völklingen

Buttstegge 1
Tel.: 02864 94920
Fax: 02864 949222

Deutsche Bank Reken
BLZ: 600 000 01
Nr.: 130 120 900

Dresdner Bank Reken
BLZ: 600 000 02
Nr.: 822 005 918

Commerzbank Reken
BLZ: 600 000 03
Nr.: 13 6322 000

Rechnung Nr. 12-0006 Original **48734 Reken, 21.05.2012**

Für zahnärztliche Behandlung gestatte ich mir **1.508,35 €** in Rechnung zu stellen.

Datum	Zahn	Nr.	Leistung	Anz.	Faktor	Betrag
08.04.2012		0010	Untersuchung zur Feststellung von Erkrankungen	1	2,3	12,94 €
		Ä0001	Beratung – auch mittels Fernsprecher –	1	2,3	10,72 €
	17	2050	Präparieren einer Kavität, einflächig	1	2,3	27,55 €
	14	2100	Kompositfüllung in Adhäsivtechnik, dreiflächig	1	2,3	83,05 €
	26	2050	Präparieren einer Kavität, einflächig	1	2,3	27,55 €
12.04.2012	32, 42	2060	Kompositfüllung in Adhäsivtechnik, einflächig	2	2,3	136,34 €
	31, 41	2080	Kompositfüllung in Adhäsivtechnik, zweiflächig	2	2,3	143,84 €
20.04.2012	11	2120	Kompositfüllung in Adhäsivtechnik, mehr als dreiflächig oder Eckenaufbau	1	2,3	99,60 €
	11		Stiftkosten	2	1	4,80 €
	11	2120	Kompositfüllung in Adhäsivtechnik, mehr als dreiflächig oder Eckenaufbau	1	2,3	99,60 €
	11		Stiftkosten	2	1	4,80 €
23.04.2012	21	2100	Kompositfüllung in Adhäsivtechnik, dreiflächig	1	2,3	83,05 €
	21	2060	Kompositfüllung in Adhäsivtechnik, einflächig	1	2,3	68,17 €
	22	2100	Kompositfüllung in Adhäsivtechnik, dreiflächig	1	2,3	83,05 €
26.04.2012	27	2070	Präparieren einer Kavität, zweiflächig	1	2,3	31,30 €
	27	2050	Präparieren einer Kavität, einflächig	1	2,3	27,55 €
	47	2090	Präparieren einer Kavität, dreiflächig	1	2,3	38,42 €
	46	2050	Präparieren einer Kavität, einflächig	1	2,3	27,55 €
	46	2050	Präparieren einer Kavität, einflächig	1	2,3	27,55 €
28.04.2012	44	2080	Kompositfüllung in Adhäsivtechnik, zweiflächig	1	2,3	71,92 €
	35	2070	Präparieren einer Kavität, zweiflächig	1	2,3	31,30 €
	37, 36	2030	Besondere Maßnahmen beim Präparieren von Kavitäten	1	2,3	8,41 €
	36	2090	Präparieren einer Kavität, dreiflächig	1	2,3	38,42 €
	37	2090	Präparieren einer Kavität, dreiflächig	1	2,3	38,42 €
30.04.2012	17, 14, 11–22, 26, 27, 37–35, 32–42, 44, 46, 47	2130	Kontrolle, Finieren/Polieren einer Restauration in separater Sitzung	21	2,3	282,45 €

Honorar	1.498,75 €
Praxismaterial	9,60 €
Gesamtsumme	1.508,35 €

Überweisen Sie bitte den Betrag bis zum 20.06.2012 mit Angabe von Rechnungsnummer und Rechnungsdatum auf eines der genannten Konten.

Fall 1 – BEMA-Lösung

Datum	Zahn	Leistung	Bemerkung	Datum	Zahn	Leistung	Bemerkung
0310		1		1210	33	35	
		03	1200			9251	1
0310		1				132	14
		03	1330	0811	14	29	
0310		03	1500	1811	14	32	2
	33	31				9251	1
		9251	1			34	
0510	33	32		2411	14	35	2
		9251	1			9251	1
		34					
0811		01				132	12
	33	34					

Fall 1 – GOZ-Lösung

Dr. Fritz Müller · Zahnarzt

Dr. Fritz Müller, Zahnarzt, Buttstegge 1, 48734 Reken

Frau
Christina Schubert
Schlossallee 29
66787 Wadgassen

Buttstegge 1
Tel.: 02864 94920
Fax: 02864 949222

Deutsche Bank Reken
BLZ: 600 000 01
Nr.: 130 120 900

Dresdner Bank Reken
BLZ: 600 000 02
Nr.: 822 005 918

Commerzbank Reken
BLZ: 600 000 03
Nr.: 13 6322 000

Rechnung Nr. 12-0007 Original

48734 Reken, 25.04.2012

Für zahnärztliche Behandlung gestatte ich mir **633,42 €** in Rechnung zu stellen.

Datum	Zahn	Nr.	Leistung	Anz.	Faktor	Betrag
03.03.2012		Ä0001	Beratung – auch mittels Fernsprecher –	1	2,3	10,72 €
		D	Zuschlag für Leist. an Samstagen/Sonn- oder Feiertagen	1	1	12,82 €
		Ä0001	Beratung – auch mittels Fernsprecher –	1	2,3	10,72 €
		D	Zuschlag für Leist. an Samstagen/Sonn- oder Feiertagen	1	1	12,82 €
	33	2390	Trepanation eines Zahnes	1	2,3	8,41 €
	34–32	Ä5000	Strahlendiagnostik Zähne, je Projektion	1	1,8	5,24 €
		D	Zuschlag für Leist. an Samstagen/Sonn- oder Feiertagen	1	1	12,82 €
05.03.2012	33	2410	Aufbereitung eines Wurzelkanals	1	2,3	50,71 €
	33	Ä5000	Strahlendiagnostik Zähne, je Projektion	1	1,8	5,24 €
	33	2430	Medikamentöse Einlage	1	2,3	26,39 €
	33	2020	Temporärer speicheldichter Verschluss einer Kavität	1	2,3	12,68 €
08.03.2012		0010	Untersuchung zur Feststellung von Erkrankungen	1	2,3	12,94 €
	33	2430	Medikamentöse Einlage	1	2,3	26,39 €
	33	2020	Temporärer speicheldichter Verschluss einer Kavität	1	2,3	12,68 €
12.03.2012	33	2440	Füllung eines Wurzelkanals	1	2,3	33,37 €
	33	Ä5000	Strahlendiagnostik Zähne, je Projektion	1	1,8	5,24 €
	33	2080	Kompositfüllung in Adhäsivtechnik, zweiflächig	1	2,3	71,92 €
08.04.2012	14	2020	Temporärer speicheldichter Verschluss einer Kavität	1	2,3	12,68 €
18.04.2012	14	2410	Aufbereitung eines Wurzelkanals	2	2,3	101,42 €
	14	Ä5000	Strahlendiagnostik Zähne, je Projektion	1	1,8	5,24 €
	14	2430	Medikamentöse Einlage	1	2,3	26,39 €
	14	2020	Temporärer speicheldichter Verschluss einer Kavität	1	2,3	12,68 €
24.04.2012	14	2440	Füllung eines Wurzelkanals	2	2,3	66,74 €
	14	Ä5000	Strahlendiagnostik Zähne, je Projektion	1	1,8	5,24 €
	14	2080	Kompositfüllung in Adhäsivtechnik, zweiflächig	1	2,3	71,92 €

Honorar 633,42 €

Gesamtsumme 633,42 €

Überweisen Sie bitte den Betrag bis zum 24.05.2012 mit Angabe von Rechnungsnummer und Rechnungsdatum auf eines der genannten Konten.

Fall 2 – BEMA-Lösung

Datum	Zahn	Leistung	Bemerkung	Datum	Zahn	Leistung	Bemerkung
1010		03	2130	1910	11	133	154
		1			21	133	154
	11	9252	1		23	134	1523
1510		01				8	
	11	31			31	411	
	21	31				25	
	23	31			32	25	
	11	32		2310	31	12	
	21	32				411	
	23	32				134	1245
		9251	1		32	134	1245
	11	35			44	131	4
	21	35					
	23	35					
		9251	1				

Fall 2 – GOZ-Lösung

Dr. Fritz Müller · Zahnarzt

Dr. Fritz Müller, Zahnarzt, Buttstegge 1, 48734 Reken

Herrn
Nicolas Weber
Poststr. 8
66802 Überherrn

Buttstegge 1
Tel.: 02864 94920
Fax: 02864 949222

Deutsche Bank Reken
BLZ: 600 000 01
Nr.: 130 120 900

Dresdner Bank Reken
BLZ: 600 000 02
Nr.: 822 005 918

Commerzbank Reken
BLZ: 600 000 03
Nr.: 13 6322 000

Rechnung Nr. 12-0008 Original

48734 Reken, 25.04.2012

Für zahnärztliche Behandlung gestatte ich mir **810,89 €** in Rechnung zu stellen.

Datum	Zahn	Nr.	Leistung	Anz.	Faktor	Betrag
10.04.2012		Ä0001	Beratung – auch mittels Fernsprecher –	1	2,3	10,72 €
		B	Zuschlag für Leistungen 20–22 Uhr oder 6–8 Uhr/außerh. Sprechst.	1	1	10,49 €
		Ä0005	Symptombezogene Untersuchung	1	2,3	10,72 €
	11–23, 32, 31	Ä5000	Strahlendiagnostik Zähne, je Projektion	3	1,8	15,72 €
15.04.2012		0010	Untersuchung zur Feststellung von Erkrankungen	1	2,3	12,94 €
	11, 21, 23	2410	Aufbereitung eines Wurzelkanals	3	2,3	152,13 €
	11, 21, 23	Ä5000	Strahlendiagnostik Zähne, je Projektion	2	1,8	10,48 €
	11, 21, 23	2440	Füllung eines Wurzelkanals	3	2,3	100,11 €
	11, 21, 23	Ä5000	Strahlendiagnostik Zähne, je Projektion	2	1,8	10,48 €
	11, 21, 23	2020	Temporärer speicheldichter Verschluss einer Kavität	3	2,3	38,04 €
19.04.2012	11, 21	2100	Kompositfüllung in Adhäsivtechnik, dreiflächig	1	2,3	83,05 €
	23	2120	Kompositfüllung in Adhäsivtechnik, mehr als dreiflächig oder Eckenaufbau	1	2,3	99,60 €
	32, 31	0070	Vitalitätsprüfung von Zähnen und Vergleichstest(s), je Sitzung	1	2,3	6,47 €
	32, 31	0100	Intraorale Leitungsanästhesie, je Kieferhälfte	1	2,3	9,05 €
	32, 31	9908	Anästhetikum	1	1	0,92 €
	32, 31	2330	Maßnahmen zur Erhaltung der vitalen Pulpa, je Kavität	2	2,3	28,46 €
	32, 31	2020	Temporärer speicheldichter Verschluss einer Kavität	2	2,3	25,36 €
23.04.2012	32, 31	2040	Anlegen von Spanngummi je Kieferhälfte	1	2,3	8,41 €
	32, 31	0100	Intraorale Leitungsanästhesie, je Kieferhälfte	1	2,3	9,05 €
	32, 31	9908	Anästhetikum	1	1	0,92 €
	32, 31	2120	Kompositfüllung in Adhäsivtechnik, mehr als dreiflächig oder Eckenaufbau	1	2,3	99,60 €
	44	2060	Kompositfüllung in Adhäsivtechnik, einflächig	1	2,3	68,17 €

Honorar	809,05 €
Praxismaterial	1,84 €
Gesamtsumme	810,89 €

Überweisen Sie bitte den Betrag bis zum 24.05.2012 mit Angabe von Rechnungsnummer und Rechnungsdatum auf eines der genannten Konten.

Fall 3 – BEMA-Lösung

Datum	Zahn	Leistung	Bemerkung	Datum	Zahn	Leistung	Bemerkung
0610		01			37	411	
		9354	1			28	2
		107				32	2
	11	40				9251	1
	21	40				35	2
	11	134	1245			9251	1
	21	134	1245			12	
		16				133	154
1010	43	12		1810	25	40	
		132	35			26	
		8				133	245
	45	25		2210	33	411	
1510		8				12	
	45	411				131	4
		132	23			131	5
		12			32	132	41
	46	133	245		14	12	
		16				132	25
				2710	16	40	
						12	
						133	123
				2910	17	132	41

Fall 3 – GOZ-Lösung

Dr. Fritz Müller · Zahnarzt

Dr. Fritz Müller, Zahnarzt, Buttstegge 1, 48734 Reken

Frau
Adelheid Mahler
Denkmalstr. 12
54295 Trier

Buttstegge 1
Tel.: 02864 94920
Fax: 02864 949222

Deutsche Bank Reken
BLZ: 600 000 01
Nr.: 130 120 900

Dresdner Bank Reken
BLZ: 600 000 02
Nr.: 822 005 918

Commerzbank Reken
BLZ: 600 000 03
Nr.: 13 6322 000

Rechnung Nr. 12-0009 Original

48734 Reken, 21.05.2012

Für zahnärztliche Behandlung gestatte ich mir **1.484,25 €** in Rechnung zu stellen.

Datum	Zahn	Nr.	Leistung	Anz.	Faktor	Betrag
06.04.2012		0010	Untersuchung zur Feststellung von Erkrankungen	1	2,3	12,94 €
		Ä0001	Beratung – auch mittels Fernsprecher –	1	2,3	10,72 €
		Ä5004	Panoramaschichtaufnahme der Kiefer	1	1,8	41,96 €
	34–44	0080	Intraorale Oberflächenanästhesie je Kieferhälfte	2	2,3	7,76 €
	34–44	4050	Entfernung harter und weicher Zahnbeläge, Polieren an einwurzeligem Zahn	8	2,3	10,32 €
	11, 21	0090	Intraorale Infiltrationsanästhesie, je Zahn oder Einstichstelle	2	2,3	15,52 €
	11, 21	9908	Anästhetikum	2	1	1,84 €
	11, 21	2120	Kompositfüllung in Adhäsivtechnik, mehr als dreiflächig oder Eckenaufbau	2	2,3	199,20 €
	21		Stiftkosten	1	1	2,40 €
10.04.2012	43	2030	Besondere Maßnahmen beim Präparieren von Kavitäten	1	2,3	8,41 €
	43	2080	Kompositfüllung in Adhäsivtechnik, zweiflächig	1	2,3	71,92 €
	45, 46	0070	Vitalitätsprüfung von Zähnen und Vergleichstest(s), je Sitzung	1	2,3	6,47 €
	45	0100	Intraorale Leitungsanästhesie, je Kieferhälfte	1	2,3	9,05 €
	45	9908	Anästhetikum	1	1	0,92 €
	45	2330	Maßnahmen zur Erhaltung der vitalen Pulpa, je Kavität	1	2,3	14,23 €
	45	2020	Temporärer speicheldichter Verschluss einer Kavität	1	2,3	12,68 €
15.04.2012	45	0070	Vitalitätsprüfung von Zähnen und Vergleichstest(s), je Sitzung	1	2,3	6,47 €
	45	0100	Intraorale Leitungsanästhesie, je Kieferhälfte	1	2,3	9,05 €
	45	9908	Anästhetikum	1	1	0,92 €
	45	2070	Präparieren einer Kavität, zweiflächig	1	2,3	31,30 €
	46	2030	Besondere Maßnahmen beim Präparieren von Kavitäten	1	2,3	8,41 €
	46	2040	Anlegen von Spanngummi je Kieferhälfte	1	2,3	8,41 €
	46	2090	Präparieren einer Kavität, dreiflächig	1	2,3	38,42 €
	46		Stiftkosten	2	1	4,80 €
	37	0100	Intraorale Leitungsanästhesie, je Kieferhälfte	1	2,3	9,05 €
	37	9908	Anästhetikum	1	1	0,92 €
	37	2360	Exstirpation der vitalen Pulpa einschl. Exkavieren	2	2,3	28,46 €
	37	2410	Aufbereitung eines Wurzelkanals	2	2,3	101,42 €
	37	Ä5000	Strahlendiagnostik Zähne, je Projektion	1	1,8	5,24 €
	37	2440	Füllung eines Wurzelkanals	2	2,3	66,74 €
	37	Ä5000	Strahlendiagnostik Zähne, je Projektion	1	1,8	5,24 €
	37	2030	Besondere Maßnahmen beim Präparieren von Kavitäten	1	2,3	8,41 €
	37	2090	Präparieren einer Kavität, dreiflächig	1	2,3	38,42 €

Seite 2 (Rechnung Nr. 12-0009 Original)

Datum	Zahn	Nr.	Leistung	Anz.	Faktor	Betrag
18.04.2012	25	0090	Intraorale Infiltrationsanästhesie, je Zahn oder Einstichstelle	1	2,3	7,76 €
	25	9908	Anästhetikum	1	1	0,92 €
	25	2340	Maßnahmen zur Erhaltung der freiliegenden vitalen Pulpa, je Kavität	1	2,3	25,87 €
	25	2100	Kompositfüllung in Adhäsivtechnik, dreiflächig	1	2,3	83,05 €
22.04.2012	33, 32	0100	Intraorale Leitungsanästhesie, je Kieferhälfte	1	2,3	9,05 €
	33, 32	9908	Anästhetikum	1	1	0,92 €
	33	2030	Besondere Maßnahmen beim Präparieren von Kavitäten	1	2,3	8,41 €
	33	2060	Kompositfüllung in Adhäsivtechnik, einflächig	1	2,3	68,17 €
	33	2060	Kompositfüllung in Adhäsivtechnik, einflächig	1	2,3	68,17 €
	32	2080	Kompositfüllung in Adhäsivtechnik, zweiflächig	1	2,3	71,92 €
	14	2040	Anlegen von Spanngummi je Kieferhälfte	1	2,3	8,41 €
	14	2080	Kompositfüllung in Adhäsivtechnik, zweiflächig	1	2,3	71,92 €
27.04.2012	16	0090	Intraorale Infiltrationsanästhesie, je Zahn oder Einstichstelle	1	2,3	7,76 €
	16	9908	Anästhetikum	1	1	0,92 €
	16	2040	Anlegen von Spanngummi je Kieferhälfte	1	2,3	8,41 €
	16	2090	Präparieren einer Kavität, dreiflächig	1	2,3	38,42 €
29.04.2012	17	2070	Präparieren einer Kavität, zweiflächig	1	2,3	31,30 €
30.04.2012	17, 16, 14, 11, 21, 25, 37, 33, 32, 43, 45, 46	2130	Kontrolle, Finieren/Polieren einer Restauration in separater Sitzung	13	2,3	174,85 €

Honorar	1.469,69 €
Praxismaterial	14,56 €
Gesamtsumme	1.484,25 €

Überweisen Sie bitte den Betrag bis zum 20.06.2012 mit Angabe von Rechnungsnummer und Rechnungsdatum auf eines der genannten Konten.

Fall 4 – BEMA-Lösung

Datum	Zahn	Leistung	Bemerkung	Datum	Zahn	Leistung	Bemerkung
0611		01		3011	84	132	12
	18	9252	1		54	132	12
		8			64	132	12
	85	411		0112		03	1030
		31				1	
0911		8		0112		03	1600
	16	12			26	40	
	55	132	23			28	2
	65	132	24			32	2
	74	132	21			9251	1
1111	16	40				35	2
		133	125			9251	1
		16				133	125
	54	29		0712	75	411	
	64	29				132	124
2211	54	34				601	480
	64	34					

Fall 4 – GOZ-Lösung

Dr. Fritz Müller · Zahnarzt

Dr. Fritz Müller, Zahnarzt, Buttstegge 1, 48734 Reken

Frau
Luzia Hindemith
Silbergasse 14
66740 Saarlouis

Buttstegge 1
Tel.: 02864 94920
Fax: 02864 949222

Deutsche Bank Reken
BLZ: 600 000 01
Nr.: 130 120 900

Dresdner Bank Reken
BLZ: 600 000 02
Nr.: 822 005 918

Commerzbank Reken
BLZ: 600 000 03
Nr.: 13 6322 000

Rechnung Nr. 12-0010 Original **48734 Reken, 21.05.2012**

Für zahnärztliche Behandlung gestatte ich mir **1.114,59 €** in Rechnung zu stellen.

Datum	Zahn	Nr.	Leistung	Anz.	Faktor	Betrag
06.04.2012		0010	Untersuchung zur Feststellung von Erkrankungen	1	2,3	12,94 €
		Ä0001	Beratung – auch mittels Fernsprecher –	1	2,3	10,72 €
	18, 17, 27–37, 47, 48	Ä5000	Strahlendiagnostik Zähne, je Projektion	4	1,8	20,96 €
	85	0070	Vitalitätsprüfung von Zähnen und Vergleichstest(s), je Sitzung	1	2,3	6,47 €
	85	0100	Intraorale Leitungsanästhesie, je Kieferhälfte	1	2,3	9,05 €
	85	2390	Trepanation eines Zahnes	1	2,3	8,41 €
09.04.2012	16	0070	Vitalitätsprüfung von Zähnen und Vergleichstest(s), je Sitzung	1	2,3	6,47 €
	16	2030	Besondere Maßnahmen beim Präparieren von Kavitäten	1	2,3	8,41 €
	16	2020	Temporärer speicheldichter Verschluss einer Kavität	1	2,3	12,68 €
	55	2080	Kompositfüllung in Adhäsivtechnik, zweiflächig	1	2,3	71,92 €
	65	2080	Kompositfüllung in Adhäsivtechnik, zweiflächig	1	2,3	71,92 €
	74	2080	Kompositfüllung in Adhäsivtechnik, zweiflächig	1	2,3	71,92 €
11.04.2012	16	0090	Intraorale Infiltrationsanästhesie, je Zahn oder Einstichstelle	1	2,3	7,76 €
	16	9908	Anästhetikum	1	1	0,92 €
	16	2090	Präparieren einer Kavität, dreiflächig	1	2,3	38,42 €
	16		Stiftkosten	2	1	4,80 €
	54, 64	2020	Temporärer speicheldichter Verschluss einer Kavität	2	2,3	25,36 €
13.04.2012	64	2020	Temporärer speicheldichter Verschluss einer Kavität	1	2,3	12,68 €
22.04.2012	54, 64	2430	Medikamentöse Einlage	2	2,3	52,78 €
	54, 64	2020	Temporärer speicheldichter Verschluss einer Kavität	2	2,3	25,36 €
30.04.2012	84, 54, 64	2080	Kompositfüllung in Adhäsivtechnik, zweiflächig	3	2,3	215,76 €
01.05.2012	26	Ä0001	Beratung – auch mittels Fernsprecher –	1	2,3	10,72 €
		D	Zuschlag für Leist. an Samstagen/Sonn- oder Feiertagen	1	1	12,82 €
		D	Zuschlag für Leist. an Samstagen/Sonn- oder Feiertagen	1	1	12,82 €
	26	0090	Intraorale Infiltrationsanästhesie, je Zahn oder Einstichstelle	1	2,3	7,76 €
	26	9908	Anästhetikum	1	1	0,92 €
	26	2360	Exstirpation der vitalen Pulpa einschl. Exkavieren	2	2,3	28,46 €
	26	2410	Aufbereitung eines Wurzelkanals	2	2,3	101,42 €
	26	Ä5000	Strahlendiagnostik Zähne, je Projektion	1	1,8	5,24 €
	26	2440	Füllung eines Wurzelkanals	2	2,3	66,74 €
	26	Ä5000	Strahlendiagnostik Zähne, je Projektion	1	1,8	5,24 €
	26	2090	Präparieren einer Kavität, dreiflächig	1	2,3	38,42 €

Seite 2 (Rechnung Nr. 12-0010 Original)

Datum	Zahn	Nr.	Leistung	Anz.	Faktor	Betrag
07.05.2012	75	0100	Intraorale Leitungsanästhesie, je Kieferhälfte	1	2,3	9,05 €
	75	9908	Anästhetikum	1	1	0,92 €
	75	2180	Vorbereitung eines zerstörten Zahnes (plastisch)	1	2,3	19,40 €
	75		Stiftkosten	2	1	4,80 €
10.05.2012	16, 26, 55, 65–74, 84	2130	Kontrolle, Finieren/Polieren einer Restauration in separater Sitzung	7	2,3	94,15 €

Honorar	1.102,23 €
Praxismaterial	12,36 €
Gesamtsumme	1.114,59 €

Überweisen Sie bitte den Betrag bis zum 20.06.2012 mit Angabe von Rechnungsnummer und Rechnungsdatum auf eines der genannten Konten.

Fall 5 – BEMA-Lösung

Datum	Zahn	Leistung	Bemerkung	Datum	Zahn	Leistung	Bemerkung
0310		03		1710		106	
		01			26	132	324
	16	40				601	480
		133	125			105	
		12				7700	
		16		2010	43	411	1
0610	25	40				02	
		25		3011	46	11	
1010	25	40				11	
		12				105	
		134	3425			107	
1410	46	411					

Fall 5 – GOZ-Lösung

Dr. Fritz Müller · Zahnarzt

Dr. Fritz Müller, Zahnarzt, Buttstegge 1, 48734 Reken

Herrn
Dieter Kreutzer
Sachsenweg 13
64283 Darmstadt

Buttstegge 1
Tel.: 02864 94920
Fax: 02864 949222

Deutsche Bank Reken
BLZ: 600 000 01
Nr.: 130 120 900

Dresdner Bank Reken
BLZ: 600 000 02
Nr.: 822 005 918

Commerzbank Reken
BLZ: 600 000 03
Nr.: 13 6322 000

Rechnung Nr. 12-0011 Original

48734 Reken, 21.05.2012

Für zahnärztliche Behandlung gestatte ich mir **527,09 €** in Rechnung zu stellen.

Datum	Zahn	Nr.	Leistung	Anz.	Faktor	Betrag
03.03.2012		D	Zuschlag für Leist. an Samstagen/Sonn- oder Feiertagen	1	1	12,82 €
		0010	Untersuchung zur Feststellung von Erkrankungen	1	2,3	12,94 €
		Ä0001	Beratung – auch mittels Fernsprecher –	1	2,3	10,72 €
	16	0080	Intraorale Oberflächenanästhesie je Kieferhälfte	1	2,3	3,88 €
	16	0090	Intraorale Infiltrationsanästhesie, je Zahn oder Einstichstelle	1	2,3	7,76 €
	16	9908	Anästhetikum	1	1	0,92 €
	16	2090	Präparieren einer Kavität, dreiflächig	1	2,3	38,42 €
	16	2030	Besondere Maßnahmen beim Präparieren von Kavitäten	1	2,3	8,41 €
	16		Stiftkosten	2	1	4,80 €
06.03.2012	25	0090	Intraorale Infiltrationsanästhesie, je Zahn oder Einstichstelle	1	2,3	7,76 €
	25	9908	Anästhetikum	1	1	0,92 €
	25	2330	Maßnahmen zur Erhaltung der vitalen Pulpa, je Kavität	1	2,3	14,23 €
	25	2020	Temporärer speicheldichter Verschluss einer Kavität	1	2,3	12,68 €
10.03.2012	25	0090	Intraorale Infiltrationsanästhesie, je Zahn oder Einstichstelle	1	2,3	7,76 €
	25	9908	Anästhetikum	1	1	0,92 €
	25	2040	Anlegen von Spanngummi je Kieferhälfte	1	2,3	8,41 €
	25	2120	Kompositfüllung in Adhäsivtechnik, mehr als dreiflächig oder Eckenaufbau	1	2,3	99,60 €
14.03.2012	46	0100	Intraorale Leitungsanästhesie, je Kieferhälfte	1	2,3	9,05 €
	46	9908	Anästhetikum	1	1	0,92 €
	46	2340	Maßnahmen zur Erhaltung der freiliegenden vitalen Pulpa, je Kavität	2	2,3	51,74 €
	46	2020	Temporärer speicheldichter Verschluss einer Kavität	2	2,3	25,36 €
17.03.2012	17	4030	Beseitigung von Zahnkanten, Prothesenrändern, Reizen	1	2,3	4,53 €
	26	2180	Vorbereitung eines zerstörten Zahnes (plastisch)	1	2,3	19,40 €
	26		Stitkosten	2	1	4,80 €
	26	4020	Lokalbehandlung von Mundschleimhauterkrankungen	1	2,3	5,82 €
		Ä0070	Bescheinigung/kurzes Zeugnis/Arbeitsunfähigkeitsbesch.	1	2,3	5,36 €
20.03.2012	43	0100	Intraorale Leitungsanästhesie, je Kieferhälfte	1	2,3	9,05 €
	43	9908	Anästhetikum	1	1	0,92 €
		Ä0002	Wiederholungsrezept/Überweisung/Übermittl. Anordn./Messung	1	1,8	3,15 €

Seite 2 (Rechnung Nr. 12-0011 Original)

Datum	Zahn	Nr.	Leistung	Anz.	Faktor	Betrag
30.04.2012	26	4020	Lokalbehandlung von Mundschleimhauterkrankungen	1	2,3	5,82 €
	18–42, 44–48	0080	Intraorale Oberflächenanästhesie je Kieferhälfte	4	2,3	15,52 €
	15, 13–23, 25, 35–42, 44, 45	4050	Entfernung harter und weicher Zahnbeläge, Polieren an einwurzeligem Zahn	17	2,3	21,93 €
	18–16, 14, 24, 26–36, 46–48	4055	Entfernung harter und weicher Zahnbeläge, Polieren an mehrwurzeligem Zahn	14	2,3	23,52 €
	16, 25, 26, 46	2130	Kontrolle, Finieren/Polieren einer Restauration in separater Sitzung	5	2,3	67,25 €

Honorar	512,89 €
Praxismaterial	14,20 €
Gesamtsumme	527,09 €

Überweisen Sie bitte den Betrag bis zum 20.06.2012 mit Angabe von Rechnungsnummer und Rechnungsdatum auf eines der genannten Konten.

Fall 6 – BEMA-Lösung

Datum	Zahn	Leistung	Bemerkung	Datum	Zahn	Leistung	Bemerkung
1110		9354	1	0211	46	411	
		01				16	
	73	411	1	0911	26	40	
1410	46	411				131	2
		12				131	4
1710	74	14		1311	73	411	
		10				131	4
		105			75	132	43
2110	46	411		2011	11	40	
		133	123			132	14
2710	16	40			31	411	
	54	40				132	14
	16	131	4	2411		105	
	55	132	21			106	
	54	133	123				

Fall 6 – GOZ-Lösung

Dr. Fritz Müller · Zahnarzt

Dr. Fritz Müller, Zahnarzt, Buttstegge 1, 48734 Reken

Herrn
Konrad Bach
Flötengasse 13
64283 Darmstadt

Buttstegge 1
Tel.: 02864 94920
Fax: 02864 949222

Deutsche Bank Reken
BLZ: 600 000 01
Nr.: 130 120 900

Dresdner Bank Reken
BLZ: 600 000 02
Nr.: 822 005 918

Commerzbank Reken
BLZ: 600 000 03
Nr.: 13 6322 000

Rechnung Nr. 12-0012 Original

48734 Reken, 21.05.2012

Für zahnärztliche Behandlung gestatte ich mir **911,06 €** in Rechnung zu stellen.

Datum	Zahn	Nr.	Leistung	Anz.	Faktor	Betrag
11.03.2012		Ä5004	Panoramaschichtaufnahme der Kiefer	1	1,8	41,96 €
		0010	Untersuchung zur Feststellung von Erkrankungen	1	2,3	12,94 €
		Ä0001	Beratung – auch mittels Fernsprecher –	1	2,3	10,72 €
	73	0100	Intraorale Leitungsanästhesie, je Kieferhälfte	1	2,3	9,05 €
		9908	Anästhetikum	1	1	0,92 €
	73	2020	Temporärer speicheldichter Verschluss einer Kavität	1	2,3	12,68 €
14.03.2012	73	0100	Intraorale Leitungsanästhesie, je Kieferhälfte	1	2,3	9,05 €
		9908	Anästhetikum	1	1	0,92 €
	73	2030	Besondere Maßnahmen beim Präparieren von Kavitäten	1	2,3	8,41 €
	73	2020	Temporärer speicheldichter Verschluss einer Kavität	1	2,3	12,68 €
17.03.2012	73	2250	Eingliederung einer konfektionierten Krone	1	2,3	27,16 €
	55, 54	2010	Behandlung überempfindlicher Zahnflächen je Kiefer	1	2,3	6,47 €
	18–28	4020	Lokalbehandlung von Mundschleimhauterkrankungen	1	2,3	5,82 €
21.03.2012	46	0100	Intraorale Leitungsanästhesie, je Kieferhälfte	1	2,3	9,05 €
		9908	Anästhetikum	1	1	0,92 €
	46	2090	Präparieren einer Kavität, dreiflächig	1	2,3	38,42 €
27.03.2012	16, 55, 54	0090	Intraorale Infiltrationsanästhesie, je Zahn oder Einstichstelle	3	2,3	23,28 €
	16, 55, 54	9908	Anästhetikum	3	1	2,76 €
	16	2050	Präparieren einer Kavität, einflächig	1	2,3	27,55 €
	55	2080	Kompositfüllung in Adhäsivtechnik, zweiflächig	1	2,3	71,92 €
	54	2100	Kompositfüllung in Adhäsivtechnik, dreiflächig	1	2,3	83,05 €
02.04.2012	46	0100	Intraorale Leitungsanästhesie, je Kieferhälfte	1	2,3	9,05 €
		9908	Anästhetikum	1	1	0,92 €
	46		Stiftkosten	2	1	4,80 €
09.04.2012	26	0090	Intraorale Infiltrationsanästhesie, je Zahn oder Einstichstelle	1	2,3	7,76 €
		9908	Anästhetikum	1	1	0,92 €
	26	2050	Präparieren einer Kavität, einflächig	1	2,3	27,55 €
	26	2050	Präparieren einer Kavität, einflächig	1	2,3	27,55 €
13.04.2012	75, 73	0100	Intraorale Leitungsanästhesie, je Kieferhälfte	1	2,3	9,05 €
		9908	Anästhetikum	1	1	0,92 €
	73	2060	Kompositfüllung in Adhäsivtechnik, einflächig	1	2,3	68,17 €
	75	2070	Präparieren einer Kavität, zweiflächig	1	2,3	31,30 €
20.04.2012	11	0090	Intraorale Infiltrationsanästhesie, je Zahn oder Einstichstelle	1	2,3	7,76 €
		9908	Anästhetikum	1	1	0,92 €
	11	2080	Kompositfüllung in Adhäsivtechnik, zweiflächig	1	2,3	71,92 €
	31	0100	Intraorale Leitungsanästhesie, je Kieferhälfte	1	2,3	9,05 €
		9908	Anästhetikum	1	1	0,92 €
	31	2080	Kompositfüllung in Adhäsivtechnik, zweiflächig	1	2,3	71,92 €

Seite 2 (Rechnung Nr. 12-0012 Original)

Datum	Zahn	Nr.	Leistung	Anz.	Faktor	Betrag
24.04.2012	16, 11, 26, 31, 46, 55, 54, 75, 73	2130	Kontrolle, Finieren/Polieren einer Restauration in separater Sitzung	10	2,3	134,50 €
	18–28	4020	Lokalbehandlung von Mundschleimhauterkrankungen	1	2,3	5,82 €
	22	4030	Beseitigung von Zahnkanten, Prothesenrändern, Reizen	1	2,3	4,53 €

Honorar	896,14 €
Praxismaterial	14,92 €
Gesamtsumme	911,06 €

Überweisen Sie bitte den Betrag bis zum 20.06.2012 mit Angabe von Rechnungsnummer und Rechnungsdatum auf eines der genannten Konten.

Fall 1 – BEMA-Lösung

Datum	Zahn	Leistung	Bemerkung	Datum	Zahn	Leistung	Bemerkung
0210		01		0611	15	38	
	38	411					
		131	2		21	38	
	37	131	2		23	40	
1510	45	411	5		25	40	
	34	411	5		23	43	
1810	18	40			25	43	
		48		1611	42	411	
		40				40	
2310	18	38				43	
	45	411	5		41	43	
	34	411	5	1911	42	38	
0211	15	40			47	411	
	11	40				45	
	21	40			46	45	
	15	471		2211	47	38	
	11	43		2511	26	40	
	21	43				471	
	14	44				40	

Fall 1 – GOZ-Lösung

Dr. Fritz Müller · Zahnarzt

Dr. Fritz Müller, Zahnarzt, Buttstegge 1, 48734 Reken

Buttstegge 1
Tel.: 02864 94920
Fax: 02864 949222

Deutsche Bank Reken
BLZ: 600 000 01
Nr.: 130 120 900

Dresdner Bank Reken
BLZ: 600 000 02
Nr.: 822 005 918

Commerzbank Reken
BLZ: 600 000 03
Nr.: 13 6322 000

Herrn
Frank Offenbach
Parkstr. 112
64283 Darmstadt

Rechnung Nr. 12-0013 Original

48734 Reken, 26.04.2012

Für zahnärztliche Behandlung gestatte ich mir **737,23 €** in Rechnung zu stellen.

Datum	Zahn	Nr.	Leistung	Anz.	Faktor	Betrag
02.03.2012		0010	Untersuchung zur Feststellung von Erkrankungen	1	2,3	12,94 €
		Ä0001	Beratung – auch mittels Fernsprecher –	1	2,3	10,72 €
	38, 37	0100	Intraorale Leitungsanästhesie, je Kieferhälfte	1	2,3	9,05 €
	38, 37	9908	Anästhetikum	1	1	0,92 €
	38, 37	2050	Präparieren einer Kavität, einflächig	2	2,3	55,10 €
15.03.2012	34, 45	0100	Intraorale Leitungsanästhesie, je Kieferhälfte	2	2,3	18,10 €
	34, 45	9908	Anästhetikum	2	1	1,84 €
18.03.2012	18	0090	Intraorale Infiltrationsanästhesie, je Zahn oder Einstichstelle	1	2,3	7,76 €
	18	9908	Anästhetikum	1	1	0,92 €
	18	3040	Entfernung eines retinierten/impaktierten Zahnes	1	2,3	69,85 €
	18	0510	Zuschlag zu chirurgischen Leistungen mit 500–799 Punkten	1	1	42,18 €
	18	0090	Intraorale Infiltrationsanästhesie, je Zahn oder Einstichstelle	1	2,3	7,76 €
	18	9908	Anästhetikum	1	1	0,92 €
23.03.2012	18	3300	Nachbehandlung nach chirurgischem Eingriff	1	2,3	8,41 €
	34, 45	0100	Intraorale Leitungsanästhesie, je Kieferhälfte	2	2,3	18,10 €
	34, 45	9908	Anästhetikum	2	1	1,84 €
02.04.2012	15, 14, 11, 21	0090	Intraorale Infiltrationsanästhesie, je Zahn oder Einstichstelle	4	2,3	31,04 €
	15, 14, 11, 21	9908	Anästhetikum	4	1	3,68 €
	11	3000	Entfernung eines einwurzeligen Zahnes/Implantats	1	2,3	9,05 €
	21	3000	Entfernung eines einwurzeligen Zahnes/Implantats	1	2,3	9,05 €
	14	3010	Entfernung eines mehrwurzeligen Zahnes	1	2,3	14,23 €
	15	3030	Entfernung eines Zahns/Implantats durch Osteotomie	1	2,3	45,27 €
	15	0500	Zuschlag zu chirurgischen Leistungen mit 250–499 Punkten	1	1	22,50 €
06.04.2012	15, 14, 11, 21	3300	Nachbehandlung nach chirurgischem Eingriff	2	2,3	16,82 €
	23, 25	0090	Intraorale Infiltrationsanästhesie, je Zahn oder Einstichstelle	2	2,3	15,52 €
	23, 25	9908	Anästhetikum	2	1	1,84 €
	23, 25	3000	Entfernung eines einwurzeligen Zahnes/Implantats	2	2,3	18,10 €
08.04.2012	23, 25	3290	Kontrolle nach chirurgischem Eingriff	1	2,3	7,11 €
14.04.2012	38, 37	2130	Kontrolle, Finieren/Polieren einer Restauration in separater Sitzung	2	2,3	26,90 €
16.04.2012	41, 42	0100	Intraorale Leitungsanästhesie, je Kieferhälfte	1	2,3	9,05 €
	41, 42	9908	Anästhetikum	1	1	0,92 €
	41, 42	0090	Intraorale Infiltrationsanästhesie, je Zahn oder Einstichstelle	2	2,3	15,52 €
	41, 42	9908	Anästhetikum	2	1	1,84 €
	41, 42	3000	Entfernung eines einwurzeligen Zahnes/Implantats	2	2,3	18,10 €

Seite 2 (Rechnung Nr. 12-0013 Original)

Datum	Zahn	Nr.	Leistung	Anz.	Faktor	Betrag
19.04.2012	41, 42	3300	Nachbehandlung nach chirurgischem Eingriff	1	2,3	8,41 €
	46, 47	0100	Intraorale Leitungsanästhesie, je Kieferhälfte	1	2,3	9,05 €
	46, 47	9908	Anästhetikum	1	1	0,92 €
	46, 47	0500	Zuschlag zu chirurgischen Leistungen mit 250–499 Punkten	1	1	22,50 €
22.04.2012	46, 47	3300	Nachbehandlung nach chirurgischem Eingriff	1	2,3	8,41 €
25.04.2012	26	0090	Intraorale Infiltrationsanästhesie, je Zahn oder Einstichstelle	1	2,3	7,76 €
	26	9908	Anästhetikum	1	1	0,92 €
	26	3030	Entfernung eines Zahns/Implantats durch Osteotomie	1	2,3	45,27 €
	26	0500	Zuschlag zu chirurgischen Leistungen mit 250–499 Punkten	1	1	22,50 €
	26	0090	Intraorale Infiltrationsanästhesie, je Zahn oder Einstichstelle	1	2,3	7,76 €
	26	9908	Anästhetikum	1	1	0,92 €

Honorar	719,75 €
Praxismaterial	17,48 €
Gesamtsumme	737,23 €

Überweisen Sie bitte den Betrag bis zum 25.05.2012 mit Angabe von Rechnungsnummer und Rechnungsdatum auf eines der genannten Konten.

Fall 2 – BEMA-Lösung

Datum	Zahn	Leistung	Bemerkung	Datum	Zahn	Leistung	Bemerkung
0 2 1 0		0 1		1 5 1 0	2 5	4 0	
	1 2	4 0				4 3	
	2 2	4 0		2 1 1 0	3 3	1 3 1	4
	1 2	4 3			3 8	1 3 1	2
	1 1	4 3		2 7 1 0	3 4	4 1 1	5
	2 1	4 3				2 3	2
	2 2	4 3		0 2 1 1	1 3	4 0	
0 5 1 0	1 7	4 0			2 3	4 0	
	1 4	4 0			1 3	1 3 2	1 4
	1 7	4 4			2 3	1 3 3	3 4 1
	1 6	4 5				1 3 1	5
	1 4	4 4		1 0 1 1	3 4	4 1 1	5
1 1 1 0	4 5	4 1 1					
		4 3					

Fall 2 – GOZ-Lösung

Dr. Fritz Müller · Zahnarzt

Dr. Fritz Müller, Zahnarzt, Buttstegge 1, 48734 Reken

Frau
Petra Dittersdorf
Waldweg 89
64283 Darmstadt

Buttstegge 1
Tel.: 02864 94920
Fax: 02864 949222

Deutsche Bank Reken
BLZ: 600 000 01
Nr.: 130 120 900

Dresdner Bank Reken
BLZ: 600 000 02
Nr.: 822 005 918

Commerzbank Reken
BLZ: 600 000 03
Nr.: 13 6322 000

Rechnung Nr. 12-0014 Original

48734 Reken, 24.05.2012

Für zahnärztliche Behandlung gestatte ich mir **718,41 €** in Rechnung zu stellen.

Datum	Zahn	Nr.	Leistung	Anz.	Faktor	Betrag
02.04.2012		0010	Untersuchung zur Feststellung von Erkrankungen	1	2,3	12,94 €
		Ä0001	Beratung – auch mittels Fernsprecher –	1	2,3	10,72 €
	12–22	0090	Intraorale Infiltrationsanästhesie, je Zahn oder Einstichstelle	4	2,3	31,04 €
	12–22	9908	Anästhetikum	4	1	3,68 €
	12–22	3000	Entfernung eines einwurzeligen Zahnes/Implantats	4	2,3	36,20 €
05.04.2012	17, 16, 14	0090	Intraorale Infiltrationsanästhesie, je Zahn oder Einstichstelle	3	2,3	23,28 €
	17, 16, 14	9908	Anästhetikum	3	1	2,76 €
	17, 14	3010	Entfernung eines mehrwurzeligen Zahnes	2	2,3	28,46 €
	16	3020	Entfernung eines tief frakturierten Zahnes	1	2,3	34,93 €
	16	0500	Zuschlag zu chirurgischen Leistungen mit 250–499 Punkten	1	1	22,50 €
11.04.2012	45	0100	Intraorale Leitungsanästhesie, je Kieferhälfte	1	2,3	9,05 €
	45	9908	Anästhetikum	1	1	0,92 €
	45	3000	Entfernung eines einwurzeligen Zahnes/Implantats	1	2,3	9,05 €
15.04.2012	25	0090	Intraorale Infiltrationsanästhesie, je Zahn oder Einstichstelle	1	2,3	7,76 €
	25	9908	Anästhetikum	1	1	0,92 €
	25	3010	Entfernung eines mehrwurzeligen Zahnes	1	2,3	14,23 €
21.04.2012	33	2060	Kompositfüllung in Adhäsivtechnik, einflächig	1	2,3	68,17 €
	38	2050	Präparieren einer Kavität, einflächig	1	2,3	27,55 €
27.04.2012	37–34	0100	Intraorale Leitungsanästhesie, je Kieferhälfte	1	2,3	9,05 €
	37–34	9908	Anästhetikum	1	1	0,92 €
	37, 34	2290	Entfernen eines Brückenteils bzw. Stegabtrennung	2	2,3	46,56 €
02.05.2012	13, 23	0090	Intraorale Infiltrationsanästhesie, je Zahn oder Einstichstelle	2	2,3	15,52 €
	13, 23	9908	Anästhetikum	2	1	1,84 €
	13	2080	Kompositfüllung in Adhäsivtechnik, zweiflächig	1	2,3	71,92 €
	23	2100	Kompositfüllung in Adhäsivtechnik, dreiflächig	1	2,3	83,05 €
	23	2060	Kompositfüllung in Adhäsivtechnik, einflächig	1	2,3	68,17 €
10.05.2012	37–34	0100	Intraorale Leitungsanästhesie, je Kieferhälfte	1	2,3	9,05 €
	37–34	9908	Anästhetikum	1	1	0,92 €
	13, 23, 38, 33	2130	Kontrolle, Finieren/Polieren einer Restauration in separater Sitzung	5	2,3	67,25 €

Honorar	706,45 €
Praxismaterial	11,96 €
Gesamtsumme	718,41 €

Überweisen Sie bitte den Betrag bis zum 23.06.2012 mit Angabe von Rechnungsnummer und Rechnungsdatum auf eines der genannten Konten.

Fall 3 – BEMA-Lösung

Datum	Zahn	Leistung	Bemerkung	Datum	Zahn	Leistung	Bemerkung
0910		01		2410	47	9252	1
	37	411				411	
		44			32	411	
1110	37	38			47	44	
		9251	1		46	44	
1510	18	40			43	43	
	16	40			42	43	
	14	40			41	43	
	24	40			31	43	
	26	40			32	43	
	28	40				62	
	18	58				7700	
	28	58		2610	47	38	
1510	28	36			32	38	
1610	18	38		2011	11	40	
	28	38			21	40	
1910	18	38			11	134	2345
	28	38			21	134	1245

Fall 3 – GOZ-Lösung

Dr. Fritz Müller · Zahnarzt

Dr. Fritz Müller, Zahnarzt, Buttstegge 1, 48734 Reken

Herrn
Otwin Flotow
Gerolsteiner Str. 45
50997 Köln

Buttstegge 1
Tel.: 02864 94920
Fax: 02864 949222

Deutsche Bank Reken
BLZ: 600 000 01
Nr.: 130 120 900

Dresdner Bank Reken
BLZ: 600 000 02
Nr.: 822 005 918

Commerzbank Reken
BLZ: 600 000 03
Nr.: 13 6322 000

Rechnung Nr. 12-0015 Original

48734 Reken, 24.05.2012

Für zahnärztliche Behandlung gestatte ich mir **623,71 €** in Rechnung zu stellen.

Datum	Zahn	Nr.	Leistung	Anz.	Faktor	Betrag
09.04.2012		0010	Untersuchung zur Feststellung von Erkrankungen	1	2,3	12,94 €
		Ä0001	Beratung – auch mittels Fernsprecher –	1	2,3	10,72 €
	37	0100	Intraorale Leitungsanästhesie, je Kieferhälfte	1	2,3	9,05 €
	37	9908	Anästhetikum	1	1	0,92 €
	37	3010	Entfernung eines mehrwurzeligen Zahnes	1	2,3	14,23 €
11.04.2012	37	3300	Nachbehandlung nach chirurgischem Eingriff	1	2,3	8,41 €
	37	Ä5000	Strahlendiagnostik Zähne, je Projektion	1	1,8	5,24 €
15.04.2012	18–14, 24–28	0090	Intraorale Infiltrationsanästhesie, je Zahn oder Einstichstelle	10	2,3	77,60 €
	18–14, 24–28	9908	Anästhetikum	10	1	9,20 €
	18–14, 24–28	3230	Knochenresektion als selbstständige Leistung	1	2,3	56,92 €
		0500	Zuschlag zu chirurgischen Leistungen mit 250–499 Punkten	1	1	22,50 €
	28	3050	Stillung einer übermäßigen Blutung	1	2,3	14,23 €
16.04.2012	18–14, 24–28	3300	Nachbehandlung nach chirurgischem Eingriff	2	2,3	16,82 €
19.04.2012	18–14, 24–28	3300	Nachbehandlung nach chirurgischem Eingriff	2	2,3	16,82 €
24.04.2012	32–43, 46, 47	Ä5000	Strahlendiagnostik Zähne, je Projektion	3	1,8	15,72 €
	32–43, 46, 47	0100	Intraorale Leitungsanästhesie, je Kieferhälfte	2	2,3	18,10 €
	32–43, 46, 47	9908	Anästhetikum	2	1	1,84 €
	46, 47	3010	Entfernung eines mehrwurzeligen Zahnes	2	2,3	28,46 €
	32-43	3000	Entfernung eines einwurzeligen Zahnes/Implantats	5	2,3	45,25 €
		Ä0070	Bescheinigung/kurzes Zeugnis/Arbeitsunfähigkeitsbesch.	1	2,3	5,36 €
26.04.2012	32-43	3300	Nachbehandlung nach chirurgischem Eingriff	2	2,3	16,82 €
20.05.2012	11, 21	0090	Intraorale Infiltrationsanästhesie, je Zahn oder Einstichstelle	2	2,3	15,52 €
	11, 21	9908	Anästhetikum	2	1	1,84 €
	11	2120	Kompositfüllung in Adhäsivtechnik, mehr als dreiflächig oder Eckenaufbau	1	2,3	99,60 €
	21	2120	Kompositfüllung in Adhäsivtechnik, mehr als dreiflächig oder Eckenaufbau	1	2,3	99,60 €

Honorar	609,91 €
Praxismaterial	13,80 €
Gesamtsumme	623,71 €

Überweisen Sie bitte den Betrag bis zum 23.06.2012 mit Angabe von Rechnungsnummer und Rechnungsdatum auf eines der genannten Konten.

Fall 4 – BEMA-Lösung

Datum	Zahn	Leistung	Bemerkung
2110		01	
	47	9252	1
		8	
	47	411	
	38	411	
	47	44	
	46	471	
	36	44	
	37	44	
	38	48	
		62	
2210	47	38	
	38	38	
2810	47	38	
	38	38	
3010	16	9251	1
		40	
		471	
		512	
		02	

Datum	Zahn	Leistung	Bemerkung
0411	16	40	
		46	
0611		03	1100
	31	411	
		52	
1011	34	411	
	31	541	
	32	541	
	34	542	
1511	31	38	
	16	38	
		105	

Fall 4 – GOZ-Lösung

Dr. Fritz Müller · Zahnarzt

Dr. Fritz Müller, Zahnarzt, Buttstegge 1, 48734 Reken

Herrn
Sebastian Kollo
Mörikeweg 49
67071 Ludwigshafen

Buttstegge 1
Tel.: 02864 94920
Fax: 02864 949222

Deutsche Bank Reken
BLZ: 600 000 01
Nr.: 130 120 900

Dresdner Bank Reken
BLZ: 600 000 02
Nr.: 822 005 918

Commerzbank Reken
BLZ: 600 000 03
Nr.: 13 6322 000

Rechnung Nr. 12-0016 Original

48734 Reken, 05.06.2012

Für zahnärztliche Behandlung gestatte ich mir **863,68 €** in Rechnung zu stellen.

Datum	Zahn	Nr.	Leistung	Anz.	Faktor	Betrag
21.04.2012		0010	Untersuchung zur Feststellung von Erkrankungen	1	2,3	12,94 €
		Ä0001	Beratung – auch mittels Fernsprecher –	1	2,3	10,72 €
	38–36, 34, 32, 31, 46, 47	Ä5000	Strahlendiagnostik Zähne, je Projektion	4	1,8	20,96 €
	35, 34, 32, 31	0070	Vitalitätsprüfung von Zähnen und Vergleichstest(s), je Sitzung	1	2,3	6,47 €
	38–36, 46, 47	0100	Intraorale Leitungsanästhesie, je Kieferhälfte	2	2,3	18,10 €
	38–36, 46, 47	9908	Anästhetikum	2	1	1,84 €
	47	3010	Entfernung eines mehrwurzeligen Zahnes	1	2,3	14,23 €
	46	3030	Entfernung eines Zahns/Implantats durch Osteotomie	1	2,3	45,27 €
	37, 36	3010	Entfernung eines mehrwurzeligen Zahnes	2	2,3	28,46 €
	38	3040	Entfernung eines retinierten/impaktierten Zahnes	1	2,3	69,85 €
	38	0510	Zuschlag zu chirurgischen Leistungen mit 500–799 Punkten	1	1	42,18 €
22.04.2012	38–36, 47	3300	Nachbehandlung nach chirurgischem Eingriff	2	2,3	16,82 €
28.04.2012	38–36, 47	3300	Nachbehandlung nach chirurgischem Eingriff	2	2,3	16,82 €
30.04.2012	16	Ä5000	Strahlendiagnostik Zähne, je Projektion	1	1,8	5,24 €
	16	0090	Intraorale Infiltrationsanästhesie, je Zahn oder Einstichstelle	1	2,3	7,76 €
	16	9908	Anästhetikum	1	1	0,92 €
	16	3030	Entfernung eines Zahns/Implantats durch Osteotomie	1	2,3	45,27 €
	16	0500	Zuschlag zu chirurgischen Leistungen mit 250–499 Punkten	1	1	22,50 €
	16	3090	Plastischer Verschluß einer eröffneten Kieferhöhle	1	2,3	47,86 €
		Ä0002	Wiederholungsrezept/Überweisung/Übermittl. Anordn./Messung	1	1,8	3,15 €
		Ä0056	Verweil. ohne Leist./o. Unterbrch. je angefangene halbe Stunde	1	1,8	18,88 €
04.05.2012	16	0090	Intraorale Infiltrationsanästhesie, je Zahn oder Einstichstelle	1	2,3	7,76 €
	16	9908	Anästhetikum	1	1	0,92 €
	16	3310	Chirurgische Wundrevision	1	2,3	12,94 €
	16	Ä0002	Wiederholungsrezept/Überweisung/Übermittl. Anordn./Messung	1	1,8	3,15 €
06.05.2012		D	Zuschlag für Leist. an Samstagen/Sonn- oder Feiertagen	1	1	12,82 €
	31	0100	Intraorale Leitungsanästhesie, je Kieferhälfte	1	2,3	9,05 €
	31	9908	Anästhetikum	1	1	0,92 €

Seite 2 (Rechnung Nr. 12-0016 Original)

Datum	Zahn	Nr.	Leistung	Anz.	Faktor	Betrag
10.05.2012	34, 32, 31	0100	Intraorale Leitungsanästhesie, je Kieferhälfte	1	2,3	9,05 €
	34, 32, 31	9908	Anästhetikum	1	1	0,92 €
	32, 31	3110	Resektion einer Wurzelspitze an einem Frontzahn	2	2,3	119,00 €
	34	3120	Resektion einer Wurzelspitze an einem Seitenzahn	1	2,3	75,03 €
	34	0510	Zuschlag zu chirurgischen Leistungen mit 500–799 Punkten	1	1	42,18 €
	34, 32, 31	2050	Präparieren einer Kavität, einflächig	3	2,3	82,65 €
15.05.2012	16, 34, 32, 31	3300	Nachbehandlung nach chirurgischem Eingriff	3	2,3	25,23 €
		4020	Lokalbehandlung von Mundschleimhauterkrankungen	1	2,3	5,82 €

Honorar	858,16 €
Praxismaterial	5,52 €
Gesamtsumme	863,68 €

Überweisen Sie bitte den Betrag bis zum 05.07.2012 mit Angabe von Rechnungsnummer und Rechnungsdatum auf eines der genannten Konten.

Fall 5 – BEMA-Lösung

Datum	Zahn	Leistung	Bemerkung	Datum	Zahn	Leistung	Bemerkung
1310		01		2910	46	38	
		8			38	411	
	46	9252	1			2010	
		411			41	133	123
		9161			43	133	123
1510	46	38			44	133	123
2010	46	411		3010	38	38	
		471		0511	38	38	
	44	542			24	9251	1
		31				40	
		32				471	
		35				563	
	43	541		0911	25	40	
		31				43	
		32			26	44	
		9251	1			511	
		35		1411	24	38	
		9251	1	1811	14	40	
	41	541			12	40	
		31			21	40	
		32			23	40	
		35			14	57	
		7700			23	57	
2010	46	411		2511	14	38	
		37			23	38	
2410	46	38					

Fall 5 – GOZ-Lösung

Dr. Fritz Müller · Zahnarzt

Dr. Fritz Müller, Zahnarzt, Buttstegge 1, 48734 Reken

Herrn
Karl Millöcker
Frankenweg 13
64283 Darmstadt

Buttstegge 1
Tel.: 02864 94920
Fax: 02864 949222

Deutsche Bank Reken
BLZ: 600 000 01
Nr.: 130 120 900

Dresdner Bank Reken
BLZ: 600 000 02
Nr.: 822 005 918

Commerzbank Reken
BLZ: 600 000 03
Nr.: 13 6322 000

Rechnung Nr. 12-0017 Original

48734 Reken, 05.06.2012

Für zahnärztliche Behandlung gestatte ich mir **1.462,31 €** in Rechnung zu stellen.

Datum	Zahn	Nr.	Leistung	Anz.	Faktor	Betrag
13.04.2012		0010	Untersuchung zur Feststellung von Erkrankungen	1	2,3	12,94 €
		Ä0001	Beratung – auch mittels Fernsprecher –	1	2,3	10,72 €
	41, 43, 44, 46	0070	Vitalitätsprüfung von Zähnen und Vergleichstest(s), je Sitzung	1	2,3	6,47 €
	38, 41, 43, 44, 46	Ä5000	Strahlendiagnostik Zähne, je Projektion	3	1,8	15,72 €
	46	0100	Intraorale Leitungsanästhesie, je Kieferhälfte	1	2,3	9,05 €
	46	9908	Anästhetikum	1	1	0,92 €
	46	Ä2428	Eröffnung eines oberflächlichen unter Haut gelegenen Abzesses	1	2,3	10,72 €
15.04.2012	46	3300	Nachbehandlung nach chirurgischem Eingriff	1	2,3	8,41 €
20.04.2012	41, 43, 44, 46	0100	Intraorale Leitungsanästhesie, je Kieferhälfte	1	2,3	9,05 €
	41, 43, 44, 46	9908	Anästhetikum	1	1	0,92 €
	46	3030	Entfernung eines Zahns/Implantats durch Osteotomie	1	2,3	45,27 €
	44	3120	Resektion einer Wurzelspitze an einem Seitenzahn	1	2,3	75,03 €
	44	0510	Zuschlag zu chirurgischen Leistungen mit 500–799 Punkten	1	1	42,18 €
	41, 43	3110	Resektion einer Wurzelspitze an einem Frontzahn	2	2,3	119,00 €
	41, 43, 44	2410	Aufbereitung eines Wurzelkanals	3	2,3	152,13 €
	41, 43, 44	Ä5000	Strahlendiagnostik Zähne, je Projektion	2	1,8	10,48 €
	41, 43, 44	2440	Füllung eines Wurzelkanals	3	2,3	100,11 €
	41, 43, 44	Ä5000	Strahlendiagnostik Zähne, je Projektion	2	1,8	10,48 €
	41, 43, 44	2050	Präparieren einer Kavität, einflächig	3	2,3	82,65 €
		Ä0070	Bescheinigung/kurzes Zeugnis/Arbeitsunfähigkeitsbesch.	1	2,3	5,36 €
	46	0100	Intraorale Leitungsanästhesie, je Kieferhälfte	1	2,3	9,05 €
	46	9908	Anästhetikum	1	1	0,92 €
	46	3060	Stillung einer Blutung durch Abbinden/Umstechen	1	2,3	18,11 €
24.04.2012	41, 43, 44, 46	3300	Nachbehandlung nach chirurgischem Eingriff	2	2,3	16,82 €
29.04.2012	41, 43, 44, 46	3300	Nachbehandlung nach chirurgischem Eingriff	2	2,3	16,82 €
	41, 43, 44	2100	Kompositfüllung in Adhäsivtechnik, dreiflächig	1	2,3	83,05 €
	38	0100	Intraorale Leitungsanästhesie, je Kieferhälfte	1	2,3	9,05 €
	38	9908	Anästhetikum	1	1	0,92 €
	38	Ä2010	Operative Entfernung tiefsitzender Fremdkörper aus Weichteile/Knochen	1	2,3	50,81 €
		0500	Zuschlag zu chirurgischen Leistungen mit 250–499 Punkten	1	1	22,50 €
30.04.2012	38	3300	Nachbehandlung nach chirurgischem Eingriff	1	2,3	8,41 €
05.05.2012	38	3300	Nachbehandlung nach chirurgischem Eingriff	1	2,3	8,41 €
	24	Ä5000	Strahlendiagnostik Zähne, je Projektion	1	1,8	5,24 €
	24	0090	Intraorale Infiltrationsanästhesie, je Zahn oder Einstichstelle	1	2,3	7,76 €
	24	9908	Anästhetikum	1	1	0,92 €
	24	3030	Entfernung eines Zahns/Implantats durch Osteotomie	1	2,3	45,27 €
	24	0500	Zuschlag zu chirurgischen Leistungen mit 250–499 Punkten	1	1	22,50 €

Seite 2 (Rechnung Nr. 12-0017 Original)

	24	3190	Operation einer Zyste durch Zystektomie i. V. mit WSR oder Osteotomie	1	2,3	34,93 €
09.05.2012	25, 26	0090	Intraorale Infiltrationsanästhesie, je Zahn oder Einstichstelle	2	2,3	15,52 €
	25, 26	9908	Anästhetikum	2	1	1,84 €
	25	3000	Entfernung eines einwurzeligen Zahnes/Implantats	1	2,3	9,05 €
	26	3010	Entfernung eines mehrwurzeligen Zahnes	1	2,3	14,23 €
	26	3090	Plastischer Verschluss einer eröffneten Kieferhöhle	1	2,3	47,86 €
	26	0500	Zuschlag zu chirurgischen Leistungen mit 250–499 Punkten	1	1	22,50 €
14.05.2012	24–26	3300	Nachbehandlung nach chirurgischem Eingriff	2	2,3	16,82 €
18.05.2012	14–23	0090	Intraorale Infiltrationsanästhesie, je Zahn oder Einstichstelle	7	2,3	54,32 €
	14–23	9908	Anästhetikum	7	1	6,44 €
	14–23	Ä2670	selbst. Op. Entf. eines Schlotterkamms/Fibromat je Kieferh./FZ	2	2,3	134,04 €
	14–23	0510	Zuschlag zu chirurgischen Leistungen mit 500–799 Punkten	1	1	42,18 €
25.05.2012	14–23	3300	Nachbehandlung nach chirurgischem Eingriff	1	2,3	8,41 €

Honorar	1.449,43 €
Praxismaterial	12,88 €
Gesamtsumme	1.462,31 €

Überweisen Sie bitte den Betrag bis zum 05.07.2012 mit Angabe von Rechnungsnummer und Rechnungsdatum auf eines der genannten Konten.

Fall 6 – BEMA-Lösung

Datum	Zahn	Leistung	Bemerkung	Datum	Zahn	Leistung	Bemerkung
0210		01				48	
		9354	5			62	
	25	40				7700	
	26	40		0211		03	2130
	25	45			23	40	
	26	45				37	
1710	27	40		0411	23	38	
		133	124	0811	13	38	
	17	131	2	1511	37	411	
	24	131	2			23	
	14	40			35	23	
		133	321		33	23	
2010	16	40			37	45	
		44			35	45	
	15	43			33	45	
0211	13	40		2011	41	40	
	11	40			31	40	
	22	40				12	
	13	43			31	134	1245
	12	43			41	134	2345
	11	43					
	21	43					
	22	43					
	23	40					

Fall 6 – GOZ-Lösung

Dr. Fritz Müller · Zahnarzt

Dr. Fritz Müller, Zahnarzt, Buttstegge 1, 48734 Reken

Herrn
Nikolaus Strauss
Weserstr. 29 a
22335 Hamburg

Buttstegge 1
Tel.: 02864 94920
Fax: 02864 949222

Deutsche Bank Reken
BLZ: 600 000 01
Nr.: 130 120 900

Dresdner Bank Reken
BLZ: 600 000 02
Nr.: 822 005 918

Commerzbank Reken
BLZ: 600 000 03
Nr.: 13 6322 000

Rechnung Nr. 12-0018 Original

48734 Reken, 07.06.2012

Für zahnärztliche Behandlung gestatte ich mir **1.234,68 €** in Rechnung zu stellen.

Datum	Zahn	Nr.	Leistung	Anz.	Faktor	Betrag
02.04.2012		0010	Untersuchung zur Feststellung von Erkrankungen	1	2,3	12,94 €
		Ä0001	Beratung – auch mittels Fernsprecher –	1	2,3	10,72 €
		Ä5004	Panoramaschichtaufnahme der Kiefer	1	1,8	41,96 €
	25, 26	0090	Intraorale Infiltrationsanästhesie, je Zahn oder Einstichstelle	2	2,3	15,52 €
	25, 26	9908	Anästhetikum	2	1	1,84 €
	25, 26	3020	Entfernung eines tief frakturierten Zahnes	2	2,3	69,86 €
	25, 26	0500	Zuschlag zu chirurgischen Leistungen mit 250–499 Punkten	1	1	22,50 €
17.04.2012	27	0090	Intraorale Infiltrationsanästhesie, je Zahn oder Einstichstelle	1	2,3	7,76 €
	27	9908	Anästhetikum	1	1	0,92 €
	27	2090	Präparieren einer Kavität, dreiflächig	1	2,3	38,42 €
	17	2050	Präparieren einer Kavität, einflächig	1	2,3	27,55 €
	24	2060	Kompositfüllung in Adhäsivtechnik, einflächig	1	2,3	68,17 €
	14	0090	Intraorale Infiltrationsanästhesie, je Zahn oder Einstichstelle	1	2,3	7,76 €
	14	9908	Anästhetikum	1	1	0,92 €
	14	2100	Kompositfüllung in Adhäsivtechnik, dreiflächig	1	2,3	83,05 €
20.04.2012	16, 15	0090	Intraorale Infiltrationsanästhesie, je Zahn oder Einstichstelle	2	2,3	15,52 €
	16, 15	9908	Anästhetikum	2	1	1,84 €
	15	3000	Entfernung eines einwurzeligen Zahnes/Implantats	1	2,3	9,05 €
	16	3010	Entfernung eines mehrwurzeligen Zahnes	1	2,3	14,23 €
02.05.2012	13–22	0090	Intraorale Infiltrationsanästhesie, je Zahn oder Einstichstelle	5	2,3	38,80 €
	13–22	9908	Anästhetikum	5	1	4,60 €
	13–22	3000	Entfernung eines einwurzeligen Zahnes/Implantats	5	2,3	45,25 €
	23	0090	Intraorale Infiltrationsanästhesie, je Zahn oder Einstichstelle	1	2,3	7,76 €
	23	9908	Anästhetikum	1	1	0,92 €
	23	3040	Entfernung eines retinierten/impaktierten Zahnes	1	2,3	69,85 €
	23	0510	Zuschlag zu chirurgischen Leistungen mit 500–799 Punkten	1	1	42,18 €
		Ä0070	Bescheinigung/kurzes Zeugnis/Arbeitsunfähigkeitsbesch.	1	2,3	5,36 €
		B	Zuschlag für Leistungen 20–22 Uhr oder 6–8 Uhr/außerh. Sprechst.	1	1	10,49 €
	23	0090	Intraorale Infiltrationsanästhesie, je Zahn oder Einstichstelle	1	2,3	7,76 €
	23	9908	Anästhetikum	1	1	0,92 €
	23	3060	Stillung einer Blutung durch Abbinden/Umstechen	1	2,3	18,11 €
04.05.2012	23	3300	Nachbehandlung nach chirurgischem Eingriff	1	2,3	8,41 €
08.05.2012	13–23	3300	Nachbehandlung nach chirurgischem Eingriff	1	2,3	8,41 €
15.05.2012	37, 35, 33	0100	Intraorale Leitungsanästhesie, je Kieferhälfte	1	2,3	9,05 €
	37, 35, 33	9908	Anästhetikum	1	1	0,92 €
	37, 35, 33	2290	Entfernen eines Brückenteils bzw. Stegabtrennung	3	2,3	69,84 €
	37, 35, 33	3020	Entfernung eines tief frakturierten Zahnes	3	2,3	104,79 €
	37, 35, 33	0500	Zuschlag zu chirurgischen Leistungen mit 250–499 Punkten	1	1	22,50 €

Seite 2 (Rechnung Nr. 12-0018 Original)

20.05.2012	31, 41	0090	Intraorale Infiltrationsanästhesie, je Zahn oder Einstichstelle	2	2,3	15,52 €
	31, 41	9908	Anästhetikum	2	1	1,84 €
	31, 41	2040	Anlegen von Spanngummi je Kieferhälfte	1	2,3	8,41 €
		9910	Kofferdam	1	1	2,56 €
	31	2120	Kompositfüllung in Adhäsivtechnik, mehr als dreiflächig oder Eckenaufbau	1	2,3	99,60 €
	41	2120	Kompositfüllung in Adhäsivtechnik, mehr als dreiflächig oder Eckenaufbau	1	2,3	99,60 €
04.06.2012	17, 14, 24, 27, 31, 41	2130	Kontrolle, Finieren/Polieren einer Restauration in separater Sitzung	6	2,3	80,70 €

Honorar	1.217,40 €
Praxismaterial	17,28 €
Gesamtsumme	1.234,68 €

Überweisen Sie bitte den Betrag bis zum 07.07.2012 mit Angabe von Rechnungsnummer und Rechnungsdatum auf eines der genannten Konten.

Fall 7 – BEMA-Lösung

Datum	Zahn	Leistung	Bemerkung	Datum	Zahn	Leistung	Bemerkung
1105		01		1106	46	411	
		9354	1			471	
	16	40		1406	46	38	
	26	40		1606	46	38	
	16	132	23	2106	33	9251	1
	26	132	23			411	
1505	36	411				561	
		44		2306	33	46	
1705	36	38		2606	33	38	
	14	40		0407		1	
		131	4		12	40	
2005	11	40				55	
	21	40				105	
		61		0607		105	
2105	11	38		0807		105	
	36	38					
2605	11	38					

Fall 7 – GOZ-Lösung

Dr. Fritz Müller · Zahnarzt

Dr. Fritz Müller, Zahnarzt, Buttstegge 1, 48734 Reken

Frau
Ursula Telemann
Tuchbauergasse 61
44265 Dortmund

Buttstegge 1
Tel.: 02864 94920
Fax: 02864 949222

Deutsche Bank Reken
BLZ: 600 000 01
Nr.: 130 120 900

Dresdner Bank Reken
BLZ: 600 000 02
Nr.: 822 005 918

Commerzbank Reken
BLZ: 600 000 03
Nr.: 13 6322 000

Rechnung Nr. 12-0019 Original **48734 Reken, 07.08.2012**

Für zahnärztliche Behandlung gestatte ich mir **743,23 €** in Rechnung zu stellen.

Datum	Zahn	Nr.	Leistung	Anz.	Faktor	Betrag
11.05.2012		0010	Untersuchung zur Feststellung von Erkrankungen	1	2,3	12,94 €
		Ä0001	Beratung – auch mittels Fernsprecher –	1	2,3	10,72 €
		Ä5004	Panoramaschichtaufnahme der Kiefer	1	1,8	41,96 €
	16, 26	0090	Intraorale Infiltrationsanästhesie, je Zahn oder Einstichstelle	2	2,3	15,52 €
	16, 26	9908	Anästhetikum	2	1	1,84 €
	16, 26	2070	Präparieren einer Kavität, zweiflächig	2	2,3	62,60 €
15.05.2012	36	0100	Intraorale Leitungsanästhesie, je Kieferhälfte	1	2,3	9,05 €
	36	9908	Anästhetikum	1	1	0,92 €
	36	3010	Entfernung eines mehrwurzeligen Zahnes	1	2,3	14,23 €
17.05.2012	36	3300	Nachbehandlung nach chirurgischem Eingriff	1	2,3	8,41 €
	14	0090	Intraorale Infiltrationsanästhesie, je Zahn oder Einstichstelle	1	2,3	7,76 €
	14	9908	Anästhetikum	1	1	0,92 €
	14	2060	Kompositfüllung in Adhäsivtechnik, einflächig	1	2,3	68,17 €
20.05.2012	11, 21	0090	Intraorale Infiltrationsanästhesie, je Zahn oder Einstichstelle	2	2,3	15,52 €
	11, 21	9908	Anästhetikum	2	1	1,84 €
	11, 21	3280	Lösen, Verlegen u. Fixieren d. Lippenbändchens u. Durchtrennen d. Septums b. echtem Diastema	1	2,3	34,93 €
	11, 21	0500	Zuschlag zu chirurgischen Leistungen mit 250–499 Punkten	1	1	22,50 €
21.05.2012	11, 21, 36	3300	Nachbehandlung nach chirurgischem Eingriff	2	2,3	16,82 €
26.05.2012	11, 21	3300	Nachbehandlung nach chirurgischem Eingriff	1	2,3	8,41 €
11.06.2012	46	0100	Intraorale Leitungsanästhesie, je Kieferhälfte	1	2,3	9,05 €
	46	9908	Anästhetikum	1	1	0,92 €
	46	3030	Entfernung eines Zahns/Implantats durch Osteotomie	1	2,3	45,27 €
	46	0500	Zuschlag zu chirurgischen Leistungen mit 250–499 Punkten	1	1	22,50 €
14.06.2012	46	3300	Nachbehandlung nach chirurgischem Eingriff	1	2,3	8,41 €
16.06.2012	46	3300	Nachbehandlung nach chirurgischem Eingriff	1	2,3	8,41 €
21.06.2012	33	Ä5000	Strahlendiagnostik Zähne, je Projektion	1	1,8	5,24 €
	33	0100	Intraorale Leitungsanästhesie, je Kieferhälfte	1	2,3	9,05 €
	33	9908	Anästhetikum	1	1	0,92 €
	33	3200	Operation einer Zyste durch Zystektomie	1	2,3	64,68 €
	33	0510	Zuschlag zu chirurgischen Leistungen mit 500–799 Punkten	1	1	42,18 €
23.06.2012	33	3310	Chirurgische Wundrevision	1	2,3	12,94 €
26.06.2012	33	3300	Nachbehandlung nach chirurgischem Eingriff	1	2,3	8,41 €
04.07.2012		Ä0001	Beratung – auch mittels Fernsprecher –	1	2,3	10,72 €
	12	0090	Intraorale Infiltrationsanästhesie, je Zahn oder Einstichstelle	1	2,3	7,76 €
	12	9908	Anästhetikum	1	1	0,92 €

Seite 2 (Rechnung Nr. 12-0019 Original)

	12	3140	Reimplantation eines Zahnes einschl. Fixation	1	2,3	71,15 €
	12	0510	Zuschlag zu chirurgischen Leistungen mit 500–799 Punkten	1	1	42,18 €
	12	4020	Lokalbehandlung von Mundschleimhauterkrankungen	1	2,3	5,82 €
06.07.2012	12	4020	Lokalbehandlung von Mundschleimhauterkrankungen	1	2,3	5,82 €
08.07.2012	12	4020	Lokalbehandlung von Mundschleimhauterkrankungen	1	2,3	5,82 €

Honorar	734,95 €
Praxismaterial	8,28 €
Gesamtsumme	743,23 €

Überweisen Sie bitte den Betrag bis zum 07.09.2012 mit Angabe von Rechnungsnummer und Rechnungsdatum auf eines der genannten Konten.

Fall 8 – BEMA-Lösung

Datum	Zahn	Leistung	Bemerkung	Datum	Zahn	Leistung	Bemerkung
1010		03	2130	2310		8	
		1			31	40	
	11	9252	1			25	
		8			32	25	
	11	31		2810	44	12	
	21	31			31	12	
	23	31				411	
	11	32				134	1245
	21	32			32	134	1245
	23	32			44	131	4
	11	34		3010	25	40	
	21	34				542	
	23	34				32	
1510		01				9251	1
		105				35	
		107				9251	1
	11	34				563	
	21	34				133	123
	23	34		0511	25	38	
1910	11	9251	1	1511	46	411	
		35			36	411	
	21	35			46	44	
	23	35			36	44	
		9251	1	1611	25	38	
	11	133	154		36	38	
	21	133	154		46	36	
	23	134	1543				

Fall 8 – GOZ-Lösung

Dr. Fritz Müller · Zahnarzt

Dr. Fritz Müller, Zahnarzt, Buttstegge 1, 48734 Reken

Herrn
Erwin Britten
Oberbrunner Str. 17
81475 München

Buttstegge 1
Tel.: 02864 94920
Fax: 02864 949222

Deutsche Bank Reken
BLZ: 600 000 01
Nr.: 130 120 900

Dresdner Bank Reken
BLZ: 600 000 02
Nr.: 822 005 918

Commerzbank Reken
BLZ: 600 000 03
Nr.: 13 6322 000

Rechnung Nr. 12-0020 Original

48734 Reken, 08.06.2012

Für zahnärztliche Behandlung gestatte ich mir **1.708,83 €** in Rechnung zu stellen.

Datum	Zahn	Nr.	Leistung	Anz.	Faktor	Betrag
10.04.2012		B	Zuschlag für Leistungen 20–22 Uhr oder 6–8 Uhr/außerh. Sprechst.	1	1	10,49 €
		Ä0005	Symptombezogene Untersuchung	1	2,3	10,72 €
		Ä0001	Beratung – auch mittels Fernsprecher –	1	2,3	10,72 €
	11, 21, 23–25, 32, 31	Ä5000	Strahlendiagnostik Zähne, je Projektion	3	1,8	15,72 €
	11, 21, 23	0070	Vitalitätsprüfung von Zähnen und Vergleichstest(s), je Sitzung	1	2,3	6,47 €
	11, 21, 23	2410	Aufbereitung eines Wurzelkanals	3	2,3	152,13 €
	11, 21, 23	2430	Medikamentöse Einlage	3	2,3	79,17 €
	11, 21, 23	2020	Temporärer speicheldichter Verschluss einer Kavität	3	2,3	38,04 €
15.04.2012		0010	Untersuchung zur Feststellung von Erkrankungen	1	2,3	12,94 €
	18-28	4020	Lokalbehandlung von Mundschleimhauterkrankungen	1	2,3	5,82 €
	15, 13–23, 25, 35–45	4050	Entfernung harter und weicher Zahnbeläge, Polieren an einwurzeligem Zahn	18	2,3	23,22 €
	17, 14, 24, 27, 37, 36, 46, 47	4055	Entfernung harter und weicher Zahnbeläge, Polieren an mehrwurzeligem Zahn	8	2,3	13,44 €
	11, 21, 23	2430	Medikamentöse Einlage	3	2,3	79,17 €
	11, 21, 23	2020	Temporärer speicheldichter Verschluss einer Kavität	3	2,3	38,04 €
19.04.2012	11, 21, 23	Ä5000	Strahlendiagnostik Zähne, je Projektion	2	1,8	10,48 €
	11, 21, 23	2440	Füllung eines Wurzelkanals	3	2,3	100,11 €
	11, 21, 23	Ä5000	Strahlendiagnostik Zähne, je Projektion	3	1,8	15,72 €
	11, 21	2100	Kompositfüllung in Adhäsivtechnik, dreiflächig	2	2,3	166,10 €
	23	2120	Kompositfüllung in Adhäsivtechnik, mehr als dreiflächig oder Eckenaufbau	1	2,3	99,60 €
23.04.2012	32, 31	0070	Vitalitätsprüfung von Zähnen und Vergleichstest(s), je Sitzung	1	2,3	6,47 €
	32, 31	0090	Intraorale Infiltrationsanästhesie, je Zahn oder Einstichstelle	2	2,3	15,52 €
	32, 31	9908	Anästhetikum	2	1	1,84 €
	32, 31	2330	Maßnahmen zur Erhaltung der vitalen Pulpa, je Kavität	2	2,3	28,46 €
	32, 31	2020	Temporärer speicheldichter Verschluss einer Kavität	2	2,3	25,36 €
28.04.2012	32, 31, 44	2040	Anlegen von Spanngummi je Kieferhälfte	2	2,3	16,82 €
	32, 31	0100	Intraorale Leitungsanästhesie, je Kieferhälfte	1	2,3	9,05 €
	32, 31	9908	Anästhetikum	1	1	0,92 €
	32, 31	2120	Kompositfüllung in Adhäsivtechnik, mehr als dreiflächig oder Eckenaufbau	2	2,3	199,20 €
	44	2060	Kompositfüllung in Adhäsivtechnik, einflächig	1	2,3	68,17 €
30.04.2012	25	0090	Intraorale Infiltrationsanästhesie, je Zahn oder Einstichstelle	1	2,3	7,76 €
	25	9908	Anästhetikum	1	1	0,92 €
	25	3120	Resektion einer Wurzelspitze an einem Seitenzahn	1	2,3	75,03 €
	25	0510	Zuschlag zu chirurgischen Leistungen mit 500–799 Punkten	1	1	42,18 €
	25	2410	Aufbereitung eines Wurzelkanals	1	2,3	50,71 €

Seite 2 (Rechnung Nr. 12-0020 Original)

	25	Ä5000	Strahlendiagnostik Zähne, je Projektion	1	1,8	5,24 €
	25	2440	Füllung eines Wurzelkanals	1	2,3	33,37 €
	25	Ä5000	Strahlendiagnostik Zähne, je Projektion	1	1,8	5,24 €
	25	3190	Operation einer Zyste durch Zystektomie i.V. mit WSR oder Osteotomie	1	2,3	34,93 €
	25	2100	Kompositfüllung in Adhäsivtechnik, dreiflächig	1	2,3	83,05 €
05.05.2012	25	3300	Nachbehandlung nach chirurgischem Eingriff	1	2,3	8,41 €
15.05.2012	36, 46	0100	Intraorale Leitungsanästhesie, je Kieferhälfte	2	2,3	18,10 €
	36, 46	9908	Anästhetikum	2	1	1,84 €
	36, 46	3010	Entfernung eines mehrwurzeligen Zahnes	2	2,3	28,46 €
16.05.2012	25, 36, 46	3300	Nachbehandlung nach chirurgischem Eingriff	3	2,3	25,23 €
	46	3050	Stillung einer übermäßigen Blutung	1	2,3	14,23 €
20.05.2012	36, 46	3290	Kontrolle nach chirurgischem Eingriff	2	2,3	14,22 €

Honorar	1.703,31 €
Praxismaterial	5,52 €
Gesamtsumme	1.708,83 €

Überweisen Sie bitte den Betrag bis zum 08.07.2012 mit Angabe von Rechnungsnummer und Rechnungsdatum auf eines der genannten Konten.

Fall 9 – BEMA-Lösung

Datum	Zahn	Leistung	Bemerkung	Datum	Zahn	Leistung	Bemerkung
0210		1		1011	14	35	2
	23	9251	1			9251	1
		40				132	214
		48		1211	16	9251	1
0210		7503			16	40	5
		7821	1023		14	40	5
	23	36		1211		03	1900
		7700				1	
0610	23	38		2011		106	
0111		03			16	40	5
	27	40			14	40	5
		44					
		02					
0311	27	38					
0611	27	38					
		8					
	14	40					
		28	2				
		32	2				
		9251	1				
		34					

Fall 9 – GOZ-Lösung

Dr. Fritz Müller · Zahnarzt

Dr. Fritz Müller, Zahnarzt, Buttstegge 1, 48734 Reken

Frau
Simone Ziehrer
Nachodstr. 11
10779 Berlin

Buttstegge 1
Tel.: 02864 94920
Fax: 02864 949222

Deutsche Bank Reken
BLZ: 600 000 01
Nr.: 130 120 900

Dresdner Bank Reken
BLZ: 600 000 02
Nr.: 822 005 918

Commerzbank Reken
BLZ: 600 000 03
Nr.: 13 6322 000

Rechnung Nr. 12-0021 Original

48734 Reken, 08.06.2012

Für zahnärztliche Behandlung gestatte ich mir **712,61 €** in Rechnung zu stellen.

Datum	Zahn	Nr.	Leistung	Anz.	Faktor	Betrag
02.04.2012		Ä0005	Symptombezogene Untersuchung	1	2,3	10,72 €
		Ä0001	Beratung – auch mittels Fernsprecher –	1	2,3	10,72 €
	23	Ä5000	Strahlendiagnostik Zähne, je Projektion	1	1,8	5,24 €
	23	0090	Intraorale Infiltrationsanästhesie, je Zahn oder Einstichstelle	1	2,3	7,76 €
	23	9908	Anästhetikum	1	1	0,92 €
	23	3270	Germektomie	1	2,3	76,32 €
	23	0510	Zuschlag zu chirurgischen Leistungen mit 500–799 Punkten	1	1	42,18 €
		Ä0050	Besuch, Beratung einschl. symptombezog. Untersuchung	1	2,3	42,90 €
		G	Zuschlag für Leistungen zwischen 22 und 6 Uhr	1	1	26,23 €
		WEG05N	Wegegeld, Entfernung 2–5 Km, 20–08 Uhr	1	1	12,30 €
	23	3050	Stillung einer übermäßigen Blutung	1	2,3	14,23 €
		Ä0070	Bescheinigung/kurzes Zeugnis/Arbeitsunfähigkeitsbesch.	1	2,3	5,36 €
06.04.2012	23	3300	Nachbehandlung nach chirurgischem Eingriff	1	2,3	8,41 €
01.05.2012		D	Zuschlag für Leist. an Samstagen/Sonn- oder Feiertagen	1	1	12,82 €
	27	Ä0005	Symptombezogene Untersuchung	1	2,3	10,72 €
		Ä0001	Beratung – auch mittels Fernsprecher –	1	2,3	10,72 €
	27	0090	Intraorale Infiltrationsanästhesie, je Zahn oder Einstichstelle	1	2,3	7,76 €
	27	9908	Anästhetikum	1	1	0,92 €
	27	3010	Entfernung eines mehrwurzeligen Zahnes	1	2,3	14,23 €
		Ä0056	Verweil. ohne Leist./o. Unterbrch. je angefangene halbe Stunde	1	1,8	18,88 €
03.05.2012	27	3300	Nachbehandlung nach chirurgischem Eingriff	1	2,3	8,41 €
06.05.2012	27	3300	Nachbehandlung nach chirurgischem Eingriff	1	2,3	8,41 €
	16, 14	0070	Vitalitätsprüfung von Zähnen und Vergleichstest(s), je Sitzung	1	2,3	6,47 €
	14	0090	Intraorale Infiltrationsanästhesie, je Zahn oder Einstichstelle	2	2,3	15,52 €
	14	9908	Anästhetikum	1	1	0,92 €
	14	2360	Exstirpation der vitalen Pulpa einschl. Exkavieren	2	2,3	28,46 €
	14	2410	Aufbereitung eines Wurzelkanals	2	2,3	101,42 €
	14	Ä5000	Strahlendiagnostik Zähne, je Projektion	1	1,8	5,24 €
	14	2430	Medikamentöse Einlage	1	2,3	26,39 €
	14	2020	Temporärer speicheldichter Verschluss einer Kavität	1	2,3	12,68 €
10.05.2012	14	2440	Füllung eines Wurzelkanals	2	2,3	66,74 €
	14	Ä5000	Strahlendiagnostik Zähne, je Projektion	1	1,8	5,24 €
	14	2180	Vorbereitung eines zerstörten Zahnes (plastisch)	1	2,3	19,40 €
12.05.2012	16, 14	Ä5000	Strahlendiagnostik Zähne, je Projektion	1	1,8	5,24 €
	16, 14	0090	Intraorale Infiltrationsanästhesie, je Zahn oder Einstichstelle	2	2,3	15,52 €
	16, 14	9908	Anästhetikum	2	1	1,84 €
		Ä0001	Beratung – auch mittels Fernsprecher –	1	2,3	10,72 €
		A	Zuschlag für Leistungen außerhalb des Sprechstunde	1	1	4,08 €

Seite 2 (Rechnung Nr. 12-0021 Original)

20.05.2012		4030	Beseitigung von Zahnkanten, Prothesenrändern, Reizen	1	2,3	4,53 €
	16–14	0090	Intraorale Infiltrationsanästhesie, je Zahn oder Einstichstelle	3	2,3	23,28 €
	16–14	9908	Anästhetikum	3	1	2,76 €

Honorar	705,25 €
Praxismaterial	7,36 €
Gesamtsumme	712,61 €

Überweisen Sie bitte den Betrag bis zum 08.07.2012 mit Angabe von Rechnungsnummer und Rechnungsdatum auf eines der genannten Konten.

Fall 10 – BEMA-Lösung

Datum	Zahn	Leistung	Bemerkung	Datum	Zahn	Leistung	Bemerkung
1110		01		2110	14	40	
		105			23	40	
		107				62	
1510	18	9252	1	2310		8	
		8			41	12	
	18	49				132	14
	41	411			31	132	14
	31	411			14	38	
	41	25			23	38	
	31	25		2510		106	
1610	14	40			34	411	
	23	40				25	
	14	44		3010	34	411	
	13	43				26	
	23	43				133	524
		02		1211	45	9251	1
1610		03	1955		47	411	
		1				50	
					45	43	
						9251	1
				1511	47	38	

Fall 10 – GOZ-Lösung

Dr. Fritz Müller · Zahnarzt

Dr. Fritz Müller, Zahnarzt, Buttstegge 1, 48734 Reken

Frau
Simone Reger
Rechter Weg 45
99099 Erfurt

Buttstegge 1
Tel.: 02864 94920
Fax: 02864 949222

Deutsche Bank Reken
BLZ: 600 000 01
Nr.: 130 120 900

Dresdner Bank Reken
BLZ: 600 000 02
Nr.: 822 005 918

Commerzbank Reken
BLZ: 600 000 03
Nr.: 13 6322 000

Rechnung Nr. 12-0022 Original

48734 Reken, 11.06.2012

Für zahnärztliche Behandlung gestatte ich mir **740,34 €** in Rechnung zu stellen.

Datum	Zahn	Nr.	Leistung	Anz.	Faktor	Betrag
11.04.2012		0010	Untersuchung zur Feststellung von Erkrankungen	1	2,3	12,94 €
		Ä0001	Beratung – auch mittels Fernsprecher –	1	2,3	10,72 €
	18–28	4020	Lokalbehandlung von Mundschleimhauterkrankungen	1	2,3	5,82 €
	13, 23, 35–45	4050	Entfernung harter und weicher Zahnbeläge, Polieren an einwurzeligem Zahn	12	2,3	15,48 €
	17, 14, 24, 27, 38–36, 46	4055	Entfernung harter und weicher Zahnbeläge, Polieren an mehrwurzeligem Zahn	8	2,3	13,44 €
15.04.2012	18, 14, 13, 23, 31, 41	Ä5000	Strahlendiagnostik Zähne, je Projektion	4	1,8	20,96 €
	14, 13, 23, 31, 41	0070	Vitalitätsprüfung von Zähnen und Vergleichstest(s), je Sitzung	1	2,3	6,47 €
	18	3070	Exzision von Schleimhaut oder Granulationsgewebe	1	2,3	5,82 €
	31, 41	0100	Intraorale Leitungsanästhesie, je Kieferhälfte	2	2,3	18,10 €
	31, 41	9908	Anästhetikum	2	1	1,84 €
	31, 41	2330	Maßnahmen zur Erhaltung der vitalen Pulpa, je Kavität	2	2,3	28,46 €
	31, 41	2020	Temporärer speicheldichter Verschluss einer Kavität	2	2,3	25,36 €
16.04.2012	14, 13, 23	0090	Intraorale Infiltrationsanästhesie, je Zahn oder Einstichstelle	3	2,3	23,28 €
	14, 13, 23	9908	Anästhetikum	3	1	2,76 €
	14	3010	Entfernung eines mehrwurzeligen Zahnes	1	2,3	14,23 €
	13, 23	3000	Entfernung eines einwurzeligen Zahnes/Implantats	2	2,3	18,10 €
		Ä0002	Wiederholungsrezept/Überweisung/Übermittl. Anordn./Messung	1	1,8	3,15 €
		Ä0001	Beratung – auch mittels Fernsprecher –	1	2,3	10,72 €
		A	Zuschlag für Leistungen außerhalb des Sprechstunde	1	1	4,08 €
21.04.2012	14, 13, 23	0090	Intraorale Infiltrationsanästhesie, je Zahn oder Einstichstelle	3	2,3	23,28 €
	14, 13, 23	9908	Anästhetikum	3	1	2,76 €
	14, 13, 23	3230	Knochenresektion als selbstständige Leistung	1	2,3	56,92 €
	14, 13, 23	0500	Zuschlag zu chirurgischen Leistungen mit 250–499 Punkten	1	1	22,50 €
23.04.2012	31, 41	0070	Vitalitätsprüfung von Zähnen und Vergleichstest(s), je Sitzung	1	2,3	6,47 €
	31, 41	2030	Besondere Maßnahmen beim Präparieren von Kavitäten	1	2,3	8,41 €
	31, 41	2080	Kompositfüllung in Adhäsivtechnik, zweiflächig	2	2,3	143,84 €
	14, 13, 23	3300	Nachbehandlung nach chirurgischem Eingriff	2	2,3	16,82 €
25.04.2012	27	4030	Beseitigung von Zahnkanten, Prothesenrändern, Reizen	1	2,3	4,53 €
	34	0100	Intraorale Leitungsanästhesie, je Kieferhälfte	1	2,3	9,05 €
	34	9908	Anästhetikum	1	1	0,92 €
	34	2330	Maßnahmen zur Erhaltung der vitalen Pulpa, je Kavität	1	2,3	14,23 €
	34	2020	Temporärer speicheldichter Verschluss einer Kavität	1	2,3	12,68 €
30.04.2012	34	0100	Intraorale Leitungsanästhesie, je Kieferhälfte	1	2,3	9,05 €
	34	9908	Anästhetikum	1	1	0,92 €
	34	2340	Maßnahmen zur Erhaltung der freiliegenden vitalen Pulpa, je Kavität	1	2,3	25,87 €
	34	2100	Kompositfüllung in Adhäsivtechnik, dreiflächig	1	2,3	83,05 €

Seite 2 (Rechnung Nr. 12-0022 Original)

12.05.2012	45	Ä5000	Strahlendiagnostik Zähne, je Projektion	1	1,8	5,24 €
	45–47	0100	Intraorale Leitungsanästhesie, je Kieferhälfte	1	2,3	9,05 €
	45–47	9908	Anästhetikum	1	1	0,92 €
	45–47	3080	Exzision einer Schleimhautwucherung großen Umfangs	1	2,3	19,40 €
	45	3000	Entfernung eines einwurzeligen Zahnes/Implantats	1	2,3	9,05 €
	45	Ä5000	Strahlendiagnostik Zähne, je Projektion	1	1,8	5,24 €
15.05.2012	45–47	3300	Nachbehandlung nach chirurgischem Eingriff	1	2,3	8,41 €

Honorar	730,22 €
Praxismaterial	10,12 €
Gesamtsumme	740,34 €

Überweisen Sie bitte den Betrag bis zum 11.07.2012 mit Angabe von Rechnungsnummer und Rechnungsdatum auf eines der genannten Konten.

Fall 11 – BEMA-Lösung

Datum	Zahn	Leistung	Bemerkung	Datum	Zahn	Leistung	Bemerkung
0205				3005	48	38	
	35	411		0506	48	38	
		46		1506	44	411	
		8				43	
	45	411			32	411	
		31				43	
	24	132	32		31	43	
		131	4	2006	44	38	
1005	11	40			32	38	
	21	40		2406	44	38	
	11	23			32	38	
	21	23		0207	14	9251	1
	11	25				1	
	21	25			14	40	
1205	45	9251	1		13	541	
		411			14	542	2
		43			13	564	
2005		8				40	
	36	411				32	
		132	24			9251	1
2505	48	9251	1			35	
		411				9251	1
		48			14	32	2
		411				35	2
		37		0507	14	40	
2705		7506				46	
		7821	1023	0907	14	38	
	48	36		1407	14	38	
		46				133	153
		7566			13	133	153

Anmerkung: 27.05. Zahn 48

Es ist möglich, die Geb.-Nr. 36 (Nbl1) oder die Geb.-Nr. 46 (XN) abzurechnen. Wegen der höheren Bewertungszahl wird die Geb.-Nr. 46 gewählt. Bei der GOZ-Lösung wird die „Nachblutung“ gewählt.

Fall 11 – GOZ-Lösung

Dr. Fritz Müller · Zahnarzt

Dr. Fritz Müller, Zahnarzt, Buttstegge 1, 48734 Reken

Herrn
Cedric Chopin
Trompetengasse 25
01257 Dresden

Buttstegge 1
Tel.: 02864 94920
Fax: 02864 949222

Deutsche Bank Reken
BLZ: 600 000 01
Nr.: 130 120 900

Dresdner Bank Reken
BLZ: 600 000 02
Nr.: 822 005 918

Commerzbank Reken
BLZ: 600 000 03
Nr.: 13 6322 000

Rechnung Nr. 12-0023 Original

48734 Reken, 14.07.2012

Für zahnärztliche Behandlung gestatte ich mir **1.482,37 €** in Rechnung zu stellen.

Datum	Zahn	Nr.	Leistung	Anz.	Faktor	Betrag
02.05.2012	35, 45	Ä0005	Symptombezogene Untersuchung	1	2,3	10,72 €
		Ä0001	Beratung – auch mittels Fernsprecher –	1	2,3	10,72 €
	35	0100	Intraorale Leitungsanästhesie, je Kieferhälfte	1	2,3	9,05 €
	35	9908	Anästhetikum	1	1	0,92 €
	35	3310	Chirurgische Wundrevision	1	2,3	12,94 €
	45	0070	Vitalitätsprüfung von Zähnen und Vergleichstest(s), je Sitzung	1	2,3	6,47 €
	45	0100	Intraorale Leitungsanästhesie, je Kieferhälfte	1	2,3	9,05 €
	45	9908	Anästhetikum	1	1	0,92 €
	45	2390	Trepanation eines Zahnes	1	2,3	8,41 €
	24	2080	Kompositfüllung in Adhäsivtechnik, zweiflächig	1	2,3	71,92 €
	24	2060	Kompositfüllung in Adhäsivtechnik, einflächig	1	2,3	68,17 €
10.05.2012	11, 21	0090	Intraorale Infiltrationsanästhesie, je Zahn oder Einstichstelle	2	2,3	15,52 €
	11, 21	9908	Anästhetikum	2	1	1,84 €
	11, 21	2290	Entfernen eines Brückenteils bzw. Stegabtrennung	2	2,3	46,56 €
	11, 21	2330	Maßnahmen zur Erhaltung der vitalen Pulpa, je Kavität	2	2,3	28,46 €
12.05.2012	35, 45	Ä5000	Strahlendiagnostik Zähne, je Projektion	2	1,8	10,48 €
	45	0100	Intraorale Leitungsanästhesie, je Kieferhälfte	1	2,3	9,05 €
	45	9908	Anästhetikum	1	1	0,92 €
	45	3000	Entfernung eines einwurzeligen Zahnes/Implantats	1	2,3	9,05 €
20.05.2012	36	0070	Vitalitätsprüfung von Zähnen und Vergleichstest(s), je Sitzung	1	2,3	6,47 €
	36	0100	Intraorale Leitungsanästhesie, je Kieferhälfte	1	2,3	9,05 €
	36	9908	Anästhetikum	1	1	0,92 €
	36	2070	Präparieren einer Kavität, zweiflächig	1	2,3	31,30 €
25.05.2012	48	Ä5000	Strahlendiagnostik Zähne, je Projektion	1	1,8	5,24 €
	48	0100	Intraorale Leitungsanästhesie, je Kieferhälfte	1	2,3	9,05 €
	48	9908	Anästhetikum	1	1	0,92 €
	48	3040	Entfernung eines retinierten/impaktierten Zahnes	1	2,3	69,85 €
	48	0510	Zuschlag zu chirurgischen Leistungen mit 500–799 Punkten	1	1	42,18 €
	48	0100	Intraorale Leitungsanästhesie, je Kieferhälfte	1	2,3	9,05 €
	48	9908	Anästhetikum	1	1	0,92 €
	48	3060	Stillung einer Blutung durch Abbinden/Umstechen	1	2,3	18,11 €
27.05.2012		Ä0050	Besuch, Beratung einschl. symptombezog. Untersuchung	1	2,3	42,90 €
		G	Zuschlag für Leistungen zwischen 22 und 6 Uhr	1	1	26,23 €
		H	Zuschlag für Samstag, Sonn- oder Feiertag	1	1	19,82 €
		WEG05N	Wegegeld, Entfernung 2–5 Km, 20–08 Uhr	1	1	12,30 €
	48	3050	Stillung einer übermäßigen Blutung	1	2,3	14,23 €
		Ä0056	Verweil. ohne Leist./o. Unterbrch. je angefangene halbe Stunde	2	1,8	37,76 €
30.05.2012	48	3300	Nachbehandlung nach chirurgischem Eingriff	1	2,3	8,41 €

Seite 2 (Rechnung Nr. 12-0023 Original)

05.06.2012	48	3300	Nachbehandlung nach chirurgischem Eingriff	1	2,3	8,41 €
		Ä0001	Beratung – auch mittels Fernsprecher –	1	2,3	10,72 €
15.06.2012	44	0100	Intraorale Leitungsanästhesie, je Kieferhälfte	1	2,3	9,05 €
	44	9908	Anästhetikum	1	1	0,92 €
	44	3000	Entfernung eines einwurzeligen Zahnes/Implantats	1	2,3	9,05 €
	32, 31	0100	Intraorale Leitungsanästhesie, je Kieferhälfte	1	2,3	9,05 €
	32, 31	9908	Anästhetikum	1	1	0,92 €
	32, 31	3000	Entfernung eines einwurzeligen Zahnes/Implantats	2	2,3	18,10 €
20.06.2012	32, 31, 44	3300	Nachbehandlung nach chirurgischem Eingriff	2	2,3	16,82 €
24.06.2012	32, 31, 44	3300	Nachbehandlung nach chirurgischem Eingriff	2	2,3	16,82 €
02.07.2012	14, 13	Ä5000	Strahlendiagnostik Zähne, je Projektion	1	1,8	5,24 €
		Ä0001	Beratung – auch mittels Fernsprecher –	1	2,3	10,72 €
	14, 13	0090	Intraorale Infiltrationsanästhesie, je Zahn oder Einstichstelle	2	2,3	15,52 €
	14, 13	9908	Anästhetikum	2	1	1,84 €
	13	3110	Resektion einer Wurzelspitze an einem Frontzahn	1	2,3	59,50 €
	14	3120	Resektion einer Wurzelspitze an einem Seitenzahn	2	2,3	150,06 €
	14	0510	Zuschlag zu chirurgischen Leistungen mit 500–799 Punkten	1	1	42,18 €
	13	0090	Intraorale Infiltrationsanästhesie, je Zahn oder Einstichstelle	1	2,3	7,76 €
	13	9908	Anästhetikum	1	1	0,92 €
	14, 13	2410	Aufbereitung eines Wurzelkanals	3	2,3	152,13 €
	14, 13	Ä5000	Strahlendiagnostik Zähne, je Projektion	1	1,8	5,24 €
	14, 13	2440	Füllung eines Wurzelkanals	3	2,3	100,11 €
	14, 13	Ä5000	Strahlendiagnostik Zähne, je Projektion	1	1,8	5,24 €
05.07.2012	14, 13	0090	Intraorale Infiltrationsanästhesie, je Zahn oder Einstichstelle	2	2,3	15,52 €
	14, 13	9908	Anästhetikum	2	1	1,84 €
	14, 13	3310	Chirurgische Wundrevision	1	2,3	12,94 €
09.07.2012	14, 13	3300	Nachbehandlung nach chirurgischem Eingriff	1	2,3	8,41 €
14.07.2012	14, 13	3300	Nachbehandlung nach chirurgischem Eingriff	1	2,3	8,41 €
	14, 13	2100	Kompositfüllung in Adhäsivtechnik, dreiflächig	1	2,3	83,05 €

Honorar	1.468,57 €
Praxismaterial	13,80 €
Gesamtsumme	1.482,37 €

Überweisen Sie bitte den Betrag bis zum 14.08.2012 mit Angabe von Rechnungsnummer und Rechnungsdatum auf eines der genannten Konten.

Fall 12 – BEMA-Lösung

Datum	Zahn	Leistung	Bemerkung	Datum	Zahn	Leistung	Bemerkung
0 2 1 0		0 3	2 1 3 0	1 0 1 1	4 2	4 1 1	
		1				4 3	
		9 1 6 1			3 6	4 1 1	
	1 6	9 2 5 1	1			4 4	
0 5 1 0	1 6	3 8			3 2	4 3	
		0 1		1 5 1 1	4 2	3 8	
		1 0 7			3 6	3 8	
		1 0 5		1 5 1 1		0 3	2 0 4 0
0 8 1 0		1 0 5			3 6	3 8	
		8		1 8 1 1	4 2	3 8	
	4 7	9 2 5 2	1		3 6	3 8	
1 3 1 0	1 6	4 0		2 2 1 1		8	
		4 4			2 6	4 0	
1 8 1 0	1 6	3 8				2 8	3
	2 1	4 0				3 2	3
		2 5				9 2 5 1	1
2 3 1 0	1 4	1 2				3 4	
	2 1	1 2		0 2 1 2	2 6	3 5	3
	1 4	1 3 2	1 5			9 2 5 1	1
	2 1	1 3 2	1 5			1 3 3	1 2 3

Fall 12 – GOZ-Lösung

Dr. Fritz Müller · Zahnarzt

Dr. Fritz Müller, Zahnarzt, Buttstegge 1, 48734 Reken

Herrn
Frederic Rossini
Krankengasse 44
45359 Essen

Buttstegge 1
Tel.: 02864 94920
Fax: 02864 949222

Deutsche Bank Reken
BLZ: 600 000 01
Nr.: 130 120 900

Dresdner Bank Reken
BLZ: 600 000 02
Nr.: 822 005 918

Commerzbank Reken
BLZ: 600 000 03
Nr.: 13 6322 000

Rechnung Nr. 12-0024 Original

48734 Reken, 11.06.2012

Für zahnärztliche Behandlung gestatte ich mir **913,54 €** in Rechnung zu stellen.

Datum	Zahn	Nr.	Leistung	Anz.	Faktor	Betrag
02.04.2012		B	Zuschlag für Leistungen 20–22 Uhr oder 6–8 Uhr/außerh. Sprechst.	1	1	10,49 €
	16	Ä0005	Symptombezogene Untersuchung	1	2,3	10,72 €
		Ä0001	Beratung – auch mittels Fernsprecher –	1	2,3	10,72 €
	16	0080	Intraorale Oberflächenanästhesie je Kieferhälfte	1	2,3	3,88 €
	16	Ä2428	Eröffnung eines oberflächlichen unter Haut gelegenen Abzesses	1	2,3	10,72 €
	16	Ä5000	Strahlendiagnostik Zähne, je Projektion	1	1,8	5,24 €
05.04.2012	16	3300	Nachbehandlung nach chirurgischem Eingriff	1	2,3	8,41 €
		0010	Untersuchung zur Feststellung von Erkrankungen	1	2,3	12,94 €
	15, 13–23, 25, 35–45	4050	Entfernung harter und weicher Zahnbeläge, Polieren an einwurzeligem Zahn	18	2,3	23,22 €
	18–16, 14, 24, 26–28, 37, 36, 46, 47	4055	Entfernung harter und weicher Zahnbeläge, Polieren an mehrwurzeligem Zahn	12	2,3	20,16 €
	18–28	4020	Lokalbehandlung von Mundschleimhauterkrankungen	1	2,3	5,82 €
08.04.2012	18–28	4020	Lokalbehandlung von Mundschleimhauterkrankungen	1	2,3	5,82 €
	36, 32, 42, 45–47	0070	Vitalitätsprüfung von Zähnen und Vergleichstest(s), je Sitzung	1	2,3	6,47 €
	36, 32, 42, 45–47	Ä5000	Strahlendiagnostik Zähne, je Projektion	4	1,8	20,96 €
13.04.2012	16	0090	Intraorale Infiltrationsanästhesie, je Zahn oder Einstichstelle	1	2,3	7,76 €
	16	9908	Anästhetikum	1	1	0,92 €
	16	3010	Entfernung eines mehrwurzeligen Zahnes	1	2,3	14,23 €
18.04.2012	16	3300	Nachbehandlung nach chirurgischem Eingriff	1	2,3	8,41 €
	21	0090	Intraorale Infiltrationsanästhesie, je Zahn oder Einstichstelle	1	2,3	7,76 €
	21	9908	Anästhetikum	1	1	0,92 €
	21	2330	Maßnahmen zur Erhaltung der vitalen Pulpa, je Kavität	1	2,3	14,23 €
	21	2020	Temporärer speicheldichter Verschluss einer Kavität	1	2,3	12,68 €
23.04.2012	14, 21	2030	Besondere Maßnahmen beim Präparieren von Kavitäten	2	2,3	16,82 €
	14, 21	2080	Kompositfüllung in Adhäsivtechnik, zweiflächig	2	2,3	143,84 €
10.05.2012		Ä0001	Beratung – auch mittels Fernsprecher –	1	2,3	10,72 €
	42	0100	Intraorale Leitungsanästhesie, je Kieferhälfte	1	2,3	9,05 €
	42	9908	Anästhetikum	1	1	0,92 €
	42	3000	Entfernung eines einwurzeligen Zahnes/Implantats	1	2,3	9,05 €
	36, 32	0100	Intraorale Leitungsanästhesie, je Kieferhälfte	1	2,3	9,05 €
	36, 32	9908	Anästhetikum	1	1	0,92 €
	32	3000	Entfernung eines einwurzeligen Zahnes/Implantats	1	2,3	9,05 €
	36	3010	Entfernung eines mehrwurzeligen Zahnes	1	2,3	14,23 €
15.05.2012	36, 32, 42	3300	Nachbehandlung nach chirurgischem Eingriff	3	2,3	25,23 €
		B	Zuschlag für Leistungen 20–22 Uhr oder 6–8 Uhr/außerh. Sprechst.	1	1	10,49 €
	36	3300	Nachbehandlung nach chirurgischem Eingriff	1	2,3	8,41 €

Seite 2 (Rechnung Nr. 12-0024 Original)

18.05.2012	36, 32, 42	3300	Nachbehandlung nach chirurgischem Eingriff	3	2,3	25,23 €
22.05.2012	26	0070	Vitalitätsprüfung von Zähnen und Vergleichstest(s), je Sitzung	1	2,3	6,47 €
	26	0090	Intraorale Infiltrationsanästhesie, je Zahn oder Einstichstelle	1	2,3	7,76 €
	26	9908	Anästhetikum	1	1	0,92 €
	26	2360	Exstirpation der vitalen Pulpa einschl. Exkavieren	3	2,3	42,69 €
	26	2410	Aufbereitung eines Wurzelkanals	3	2,3	152,13 €
	26	Ä5000	Strahlendiagnostik Zähne, je Projektion	1	1,8	5,24 €
	26	2430	Medikamentöse Einlage	1	2,3	26,39 €
	26	2020	Temporärer speicheldichter Verschluss einer Kavität	1	2,3	12,68 €
02.06.2012	26	2440	Füllung eines Wurzelkanals	3	2,3	100,11 €
	26	Ä5000	Strahlendiagnostik Zähne, je Projektion	1	1,8	5,24 €
	26	2090	Präparieren einer Kavität, dreiflächig	1	2,3	38,42 €

Honorar	908,94 €
Praxismaterial	4,60 €
Gesamtsumme	913,54 €

Überweisen Sie bitte den Betrag bis zum 11.07.2012 mit Angabe von Rechnungsnummer und Rechnungsdatum auf eines der genannten Konten.

Fall 13 – BEMA-Lösung

Datum	Zahn	Leistung	Bemerkung	Datum	Zahn	Leistung	Bemerkung
0310		01		2910	14	40	
		8			22	40	
	21	31			14	133	123
		32			13	132	53
		34			22	132	53
1010		9354	1	0211	45	411	
	21	40			34	411	
		43			45	133	324
1210	18	40				16	
		44			44	131	2
	17	44			34	131	4
		60			32	131	2
	21	38		1211	48	411	
	16	40				50	
		472		1411	48	38	
1310	18	2009		1911	42	411	
1910	18	38				40	
2310	25	40				541	
		43			41	541	
	27	40			42	564	
		44			41	32	
2510	24	132	24			9251	1
	14	40				35	
		26			42	32	
2610		03	1900			35	
	26	40				9251	1
		44			42	131	2
					41	131	2
				2011	42	38	
				2511	42	38	

Fall 13 – GOZ-Lösung

Dr. Fritz Müller · Zahnarzt

Dr. Fritz Müller, Zahnarzt, Buttstegge 1, 48734 Reken

Frau
Karin Gluck
Badstubengasse 13
65925 Frankfurt

Buttstegge 1
Tel.: 02864 94920
Fax: 02864 949222

Deutsche Bank Reken
BLZ: 600 000 01
Nr.: 130 120 900

Dresdner Bank Reken
BLZ: 600 000 02
Nr.: 822 005 918

Commerzbank Reken
BLZ: 600 000 03
Nr.: 13 6322 000

Rechnung Nr. 12-0025 Original

48734 Reken, 11.06.2012

Für zahnärztliche Behandlung gestatte ich mir **1.728,85 €** in Rechnung zu stellen.

Datum	Zahn	Nr.	Leistung	Anz.	Faktor	Betrag
03.04.2012		0010	Untersuchung zur Feststellung von Erkrankungen	1	2,3	12,94 €
		Ä0001	Beratung – auch mittels Fernsprecher –	1	2,3	10,72 €
	21	0070	Vitalitätsprüfung von Zähnen und Vergleichstest(s), je Sitzung	1	2,3	6,47 €
	21	2410	Aufbereitung eines Wurzelkanals	1	2,3	50,71 €
	21	2430	Medikamentöse Einlage	1	2,3	26,39 €
	21	2020	Temporärer speicheldichter Verschluss einer Kavität	1	2,3	12,68 €
10.04.2012		Ä5004	Panoramaschichtaufnahme der Kiefer	1	1,8	41,96 €
	21	0090	Intraorale Infiltrationsanästhesie, je Zahn oder Einstichstelle	1	2,3	7,76 €
		9908	Anästhetikum	1	1	0,92 €
	21	3000	Entfernung eines einwurzeligen Zahnes/Implantats	1	2,3	9,05 €
12.04.2012	18, 17	0090	Intraorale Infiltrationsanästhesie, je Zahn oder Einstichstelle	2	2,3	15,52 €
	18, 17	9908	Anästhetikum	2	1	1,84 €
	18, 17	3020	Entfernung eines tief frakturierten Zahnes	2	2,3	69,86 €
	18, 17	0500	Zuschlag zu chirurgischen Leistungen mit 250–499 Punkten	1	1	22,50 €
	18	3250	Tuberplastik, einseitig	1	2,3	34,93 €
	21	3300	Nachbehandlung nach chirurgischem Eingriff	1	2,3	8,41 €
	16	0090	Intraorale Infiltrationsanästhesie, je Zahn oder Einstichstelle	1	2,3	7,76 €
	16	9908	Anästhetikum	1	1	0,92 €
	16	3130	Hemisektion/Teilextraktion eines mehrwurzel. Zahnes	1	2,3	36,22 €
13.04.2012	18	0080	Intraorale Oberflächenanästhesie je Kieferhälfte	1	2,3	3,88 €
	18	Ä2009	Entfernung oberflächl. Fremdkörper aus Haut/Schleimh.	1	2,3	13,41 €
19.04.2012	18, 17	3300	Nachbehandlung nach chirurgischem Eingriff	1	2,3	8,41 €
23.04.2012	25, 27	0090	Intraorale Infiltrationsanästhesie, je Zahn oder Einstichstelle	2	2,3	15,52 €
	25, 27	9908	Anästhetikum	2	1	1,84 €
	25, 27	3020	Entfernung eines tief frakturierten Zahnes	2	2,3	69,86 €
	25, 27	0500	Zuschlag zu chirurgischen Leistungen mit 250–499 Punkten	1	1	22,50 €
25.04.2012	24	2080	Kompositfüllung in Adhäsivtechnik, zweiflächig	1	2,3	71,92 €
	14	0090	Intraorale Infiltrationsanästhesie, je Zahn oder Einstichstelle	1	2,3	7,76 €
	14	9908	Anästhetikum	1	1	0,92 €
	14	2340	Maßnahmen zur Erhaltung der freiliegenden vitalen Pulpa, je Kavität	1	2,3	25,87 €
	14	2020	Temporärer speicheldichter Verschluss einer Kavität	1	2,3	12,68 €
26.04.2012		A	Zuschlag für Leistungen außerhalb des Sprechstunde	1	1	4,08 €
	26	0090	Intraorale Infiltrationsanästhesie, je Zahn oder Einstichstelle	1	2,3	7,76 €
	26	9908	Anästhetikum	1	1	0,92 €
	26	3010	Entfernung eines mehrwurzeligen Zahnes	1	2,3	14,23 €
29.04.2012	14, 13, 22	0090	Intraorale Infiltrationsanästhesie, je Zahn oder Einstichstelle	3	2,3	23,28 €
	14, 13, 22	9908	Anästhetikum	3	1	2,76 €
	14	2100	Kompositfüllung in Adhäsivtechnik, dreiflächig	1	2,3	83,05 €
	13, 22	2080	Kompositfüllung in Adhäsivtechnik, zweiflächig	2	2,3	143,84 €

Seite 2 (Rechnung Nr. 12-0025 Original)

02.05.2012	34, 32, 44, 45	0100	Intraorale Leitungsanästhesie, je Kieferhälfte	2	2,3	18,10 €
	34, 32, 44, 45	9908	Anästhetikum	2	1	1,84 €
	45	2090	Präparieren einer Kavität, dreiflächig	1	2,3	38,42 €
			Stiftkosten	2	1	4,80 €
	44	2060	Kompositfüllung in Adhäsivtechnik, einflächig	1	2,3	68,17 €
	34	2060	Kompositfüllung in Adhäsivtechnik, einflächig	1	2,3	68,17 €
	32	2060	Kompositfüllung in Adhäsivtechnik, einflächig	1	2,3	68,17 €
12.05.2012		Ä0001	Beratung – auch mittels Fernsprecher –	1	2,3	10,72 €
	46–48	0100	Intraorale Leitungsanästhesie, je Kieferhälfte	1	2,3	9,05 €
	46–48	9908	Anästhetikum	1	1	0,92 €
	46–48	3080	Exzision einer Schleimhautwucherung großen Umfangs	1	2,3	19,40 €
14.05.2012	46–48	3300	Nachbehandlung nach chirurgischem Eingriff	1	2,3	8,41 €
19.05.2012	41, 42	0100	Intraorale Leitungsanästhesie, je Kieferhälfte	1	2,3	9,05 €
	41, 42	9908	Anästhetikum	1	1	0,92 €
	41, 42	0090	Intraorale Infiltrationsanästhesie, je Zahn oder Einstichstelle	2	2,3	15,52 €
	41, 42	9908	Anästhetikum	2	1	1,84 €
	41, 42	3110	Resektion einer Wurzelspitze an einem Frontzahn	2	2,3	119,00 €
	41, 42	0500	Zuschlag zu chirurgischen Leistungen mit 250-499 Punkten	1	1	22,50 €
	41, 42	2410	Aufbereitung eines Wurzelkanals	2	2,3	101,42 €
	41, 42	Ä5000	Strahlendiagnostik Zähne, je Projektion	1	1,8	5,24 €
	41, 42	2440	Füllung eines Wurzelkanals	2	2,3	66,74 €
	41, 42	Ä5000	Strahlendiagnostik Zähne, je Projektion	1	1,8	5,24 €
	41, 42	2060	Kompositfüllung in Adhäsivtechnik, einflächig	2	2,3	136,34 €
20.05.2012	41, 42	3300	Nachbehandlung nach chirurgischem Eingriff	1	2,3	8,41 €
25.05.2012	41, 42	3300	Nachbehandlung nach chirurgischem Eingriff	1	2,3	8,41 €

Honorar	1.708,41 €
Praxismaterial	20,44 €
Gesamtsumme	1.728,85 €

Überweisen Sie bitte den Betrag bis zum 11.07.2012 mit Angabe von Rechnungsnummer und Rechnungsdatum auf eines der genannten Konten.

Fall 14 – BEMA-Lösung

Datum	Zahn	Leistung	Bemerkung	Datum	Zahn	Leistung	Bemerkung
2710		03	2100		18	9253	1
		1			44	411	
	18	40			37	411	
		44			44	132	21
2810		7503			43	132	43
		7821	1023		32	134	2345
		7700				16	
0211	23	9251	1		37	132	21
		40				132	34
		541		2011	25	40	
		32			27	40	
		9251	1		25	23	
		35			27	23	
		9251	1		26	471	
		131	2	2511	26	38	
	15	40		0412	18	411	
		562				53	
0411	15	38		0812	18	40	
	23	46			16	40	
0911	23	38			14	40	
	15	38				46	
1011		01		1112	18	38	

Fall 14 – GOZ-Lösung

Dr. Fritz Müller · Zahnarzt

Dr. Fritz Müller, Zahnarzt, Buttstegge 1, 48734 Reken

Herrn
Christof Haendel
Drosselhain 13
64283 Darmstadt

Buttstegge 1
Tel.: 02864 94920
Fax: 02864 949222

Deutsche Bank Reken
BLZ: 600 000 01
Nr.: 130 120 900

Dresdner Bank Reken
BLZ: 600 000 02
Nr.: 822 005 918

Commerzbank Reken
BLZ: 600 000 03
Nr.: 13 6322 000

Rechnung Nr. 12-0026 Original **48734 Reken, 11.06.2012**

Für zahnärztliche Behandlung gestatte ich mir **1.210,12 €** in Rechnung zu stellen.

Datum	Zahn	Nr.	Leistung	Anz.	Faktor	Betrag
27.03.2012	18	Ä0005	Symptombezogene Untersuchung	1	2,3	10,72 €
		Ä0001	Beratung – auch mittels Fernsprecher –	1	2,3	10,72 €
		B	Zuschlag für Leistungen 20–22 Uhr oder 6–8 Uhr/außerh. Sprechst.	1	1	10,49 €
	18	0090	Intraorale Infiltrationsanästhesie, je Zahn oder Einstichstelle	1	2,3	7,76 €
	18	9908	Anästhetikum	1	1	0,92 €
	18	3020	Entfernung eines tief frakturierten Zahnes	1	2,3	34,93 €
	18	0500	Zuschlag zu chirurgischen Leistungen mit 250–499 Punkten	1	1	22,50 €
28.03.2012		C	Zuschlag für Leistungen zwischen 22 und 6 Uhr	1	1	18,65 €
		Ä0050	Besuch, Beratung einschl. symptombezog. Untersuchung	1	2,3	42,90 €
		WEG05N	Wegegeld, Entfernung 2–5 Km, 20–08 Uhr	1	1	12,30 €
		Ä0070	Bescheinigung/kurzes Zeugnis/Arbeitsunfähigkeitsbesch.	1	2,3	5,36 €
02.04.2012	15, 14, 23	Ä5000	Strahlendiagnostik Zähne, je Projektion	2	1,8	10,48 €
	23	0090	Intraorale Infiltrationsanästhesie, je Zahn oder Einstichstelle	1	2,3	7,76 €
	23	9908	Anästhetikum	1	1	0,92 €
	23	3110	Resektion einer Wurzelspitze an einem Frontzahn	1	2,3	59,50 €
	23	0500	Zuschlag zu chirurgischen Leistungen mit 250–499 Punkten	1	1	22,50 €
	23	2410	Aufbereitung eines Wurzelkanals	1	2,3	50,71 €
	23	Ä5000	Strahlendiagnostik Zähne, je Projektion	1	1,8	5,24 €
	23	2440	Füllung eines Wurzelkanals	1	2,3	33,37 €
	23	Ä5000	Strahlendiagnostik Zähne, je Projektion	1	1,8	5,24 €
	23	2060	Kompositfüllung in Adhäsivtechnik, einflächig	1	2,3	68,17 €
	15	0090	Intraorale Infiltrationsanästhesie, je Zahn oder Einstichstelle	1	2,3	7,76 €
	15	9908	Anästhetikum	1	1	0,92 €
04.04.2012	15	3300	Nachbehandlung nach chirurgischem Eingriff	1	2,3	8,41 €
	23	3310	Chirurgische Wundrevision	1	2,3	12,94 €
09.04.2012	15, 23	3300	Nachbehandlung nach chirurgischem Eingriff	1	2,3	8,41 €
10.05.2012		0010	Untersuchung zur Feststellung von Erkrankungen	1	2,3	12,94 €
		Ä0001	Beratung – auch mittels Fernsprecher –	1	2,3	10,72 €
	18, 25–37, 32, 43, 44, 48	Ä5000	Strahlendiagnostik Zähne, je Projektion	7	1,8	36,68 €
	37, 32, 43, 44	0100	Intraorale Leitungsanästhesie, je Kieferhälfte	2	2,3	18,10 €
	37, 32, 43, 44	9908	Anästhetikum	2	1	1,84 €
	44	2080	Kompositfüllung in Adhäsivtechnik, zweiflächig	1	2,3	71,92 €
	43	2080	Kompositfüllung in Adhäsivtechnik, zweiflächig	1	2,3	71,92 €

Seite 2 (Rechnung Nr. 12-0026 Original)

	32	2120	Kompositfüllung in Adhäsivtechnik, mehr als dreiflächig oder Eckenaufbau	1	2,3	99,60 €
	32		Stiftkosten	2	1	4,80 €
	37	2070	Präparieren einer Kavität, zweiflächig	1	2,3	31,30 €
	37	2070	Präparieren einer Kavität, zweiflächig	1	2,3	31,30 €
20.05.2012	25–27	0090	Intraorale Infiltrationsanästhesie, je Zahn oder Einstichstelle	3	2,3	23,28 €
	25–27	9908	Anästhetikum	3	1	2,76 €
	25, 27	2290	Entfernen eines Brückenteils bzw. Stegabtrennung	2	2,3	46,56 €
	26	3030	Entfernung eines Zahns/Implantats durch Osteotomie	1	2,3	45,27 €
	26	0500	Zuschlag zu chirurgischen Leistungen mit 250–499 Punkten	1	1	22,50 €
25.05.2012	26	3300	Nachbehandlung nach chirurgischem Eingriff	1	2,3	8,41 €
04.06.2012	18–14	0100	Intraorale Leitungsanästhesie, je Kieferhälfte	1	2,3	9,05 €
	18–14	9908	Anästhetikum	1	1	0,92 €
	18–14	Ä2651	Entf./Sequestrotomie tiefliegender Fremdkörper	1	2,3	73,74 €
		0510	Zuschlag zu chirurgischen Leistungen mit 500–799 Punkten	1	1	42,18 €
08.06.2012	18–14	0090	Intraorale Infiltrationsanästhesie, je Zahn oder Einstichstelle	5	2,3	38,80 €
	18–14	9908	Anästhetikum	5	1	4,60 €
	18–14	3310	Chirurgische Wundrevision	1	2,3	12,94 €
11.06.2012	18–14	3300	Nachbehandlung nach chirurgischem Eingriff	1	2,3	8,41 €

Honorar	1.192,44 €
Praxismaterial	17,68 €
Gesamtsumme	1.210,12 €

Überweisen Sie bitte den Betrag bis zum 11.07.2012 mit Angabe von Rechnungsnummer und Rechnungsdatum auf eines der genannten Konten.

Fall 1 – BEMA-Lösung

Name der Krankenkasse		
AOK		
Name, Vorname des Versicherten		geb. am
Petra Lage Robert-Koch-Weg 27 64238 Darmstadt		13.12.1966
Kassen-Nr.	Versicherten-Nr.	Status
Vertragszahnarzt-Nr.	VK gültig bis	Datum

PARODONTALSTATUS Blatt 2

Hinweise zum Ausfüllen

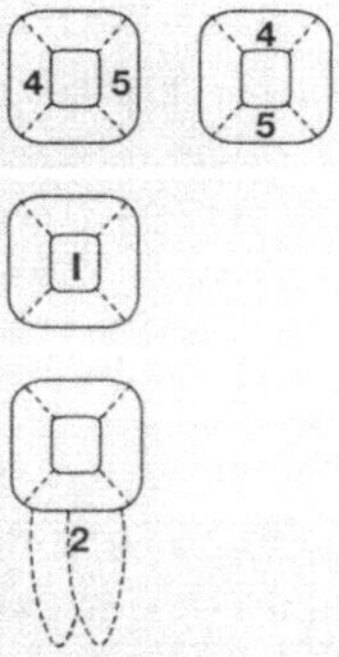

1. Die Sondiertiefen der Zahnfleischtaschen sind in mm mesial-distal oder fazial-oral einzutragen:
2. Der Grad (I,II,III) der Zahnlockerung ist in das zentrale Feld des Zahnbildes einzutragen:
3. Der Grad (1,2,3) des Furkationsbefalls ist wie folgt einzutragen:
4. Fehlende Zähne sind durchzukreuzen.
5. Rezessionen sind in mm einzutragen.
6. Einzutragen ist, ob ein geschlossenes oder offenes Vorgehen geplant ist.
7. Wird dieser Vordruck für die Abrechnung einer Therapieergänzung verwendet, sind nur die Nummern P202, P203 oder 111 abrechnungsfähig.

Rezessionen								3	3	3							Rezessionen
Geschl. Vorgehen				X		X	X	X	X	X	X		X	X	X		Geschl. Vorgehen
Offenes Vorgehen																	Offenes Vorgehen

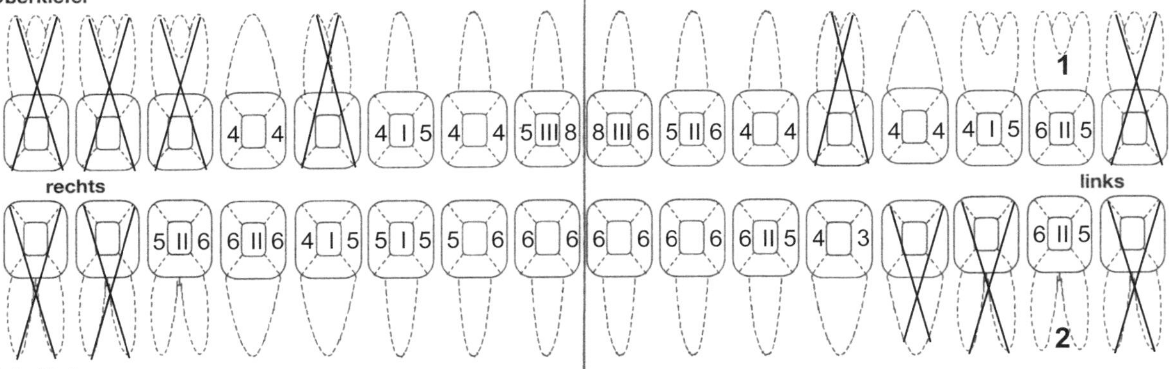

Offenes Vorgehen																	Offenes Vorgehen
Geschl. Vorgehen			X	X	X	X	X	X	X	X	X	X			X		Geschl. Vorgehen
Rezessionen			5	5					4	4	4						Rezessionen

Geplante Leistungen

Geb.-Nr.	Anzahl
4	1
P200	17
P201	4
P202	
P203	
108	
111	4

Datum, Unterschrift und Stempel des **Zahnarztes**

Gutachten

☐ Gutachterlich befürwortet

☐ Gutachterlich nicht befürwortet
(Begründung auf besonderem Blatt)

Datum, Unterschrift und Stempel des **Gutachters**

Abrechnung

Geb.-Nr.	Anzahl	Punkte	Anz. x Pkt.
4			
P200			
P201			
P202			
P203			
108			
111			

Summe
x Punktwert
= Honorar €
sonstige Kosten €
Abschluss der Behandlung, Datum

Datum, Unterschrift des **Zahnarztes**

Fall 2 – BEMA-Lösung

Name der Krankenkasse		
AOK		
Name, Vorname des Versicherten		geb. am
Walter Bruch Fichtenhain 220 64238 Darmstadt		22.11.1955
Kassen-Nr.	Versicherten-Nr.	Status
Vertragszahnarzt-Nr.	VK gültig bis	Datum

PARODONTALSTATUS Blatt 2

Hinweise zum Ausfüllen

1. Die Sondiertiefen der Zahnfleischtaschen sind in mm mesial-distal oder fazial-oral einzutragen:
2. Der Grad (I,II,III) der Zahnlockerung ist in das zentrale Feld des Zahnbildes einzutragen:
3. Der Grad (1,2,3) des Furkationsbefalls ist wie folgt einzutragen:
4. Fehlende Zähne sind durchzukreuzen.
5. Rezessionen sind in mm einzutragen.
6. Einzutragen ist, ob ein geschlossenes oder offenes Vorgehen geplant ist.
7. Wird dieser Vordruck für die Abrechnung einer Therapieergänzung verwendet, sind nur die Nummern P202, P203 oder 111 abrechnungsfähig.

Rezessionen		4	4	4	4										3		Rezessionen
Geschl. Vorgehen		X	X	X	X		X	X	X	X	X	X			X		Geschl. Vorgehen
Offenes Vorgehen																	Offenes Vorgehen

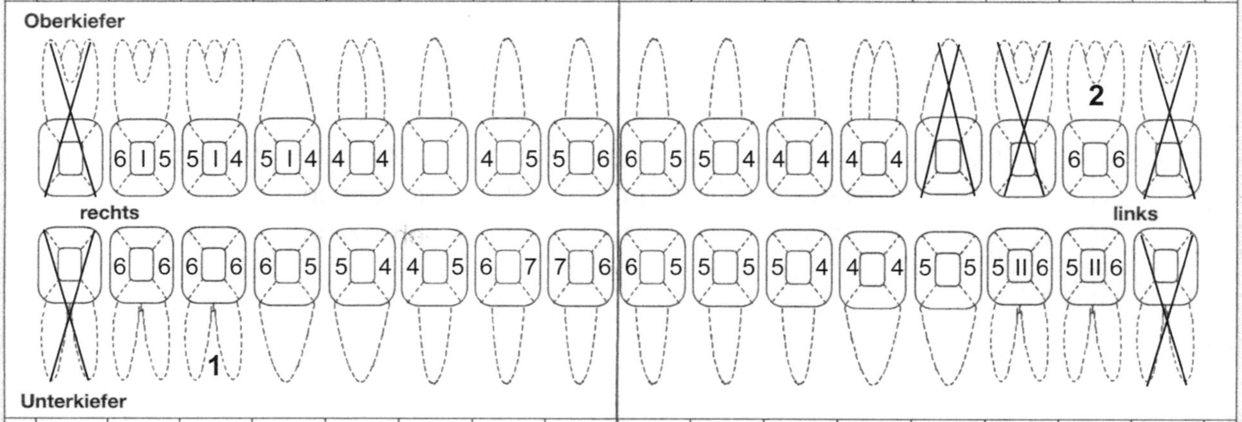

Offenes Vorgehen																	Offenes Vorgehen
Geschl. Vorgehen		X	X	X	X	X	X	X	X	X	X	X	X	X	X		Geschl. Vorgehen
Rezessionen		4	4	4								5	5	5	5		Rezessionen

Geplante Leistungen

Geb.-Nr.	Anzahl
4	1
P200	16
P201	9
P202	
P203	
108	
111	2

Datum, Unterschrift und Stempel des **Zahnarztes**

Gutachten

☐ Gutachterlich befürwortet

☐ Gutachterlich nicht befürwortet (Begründung auf besonderem Blatt)

Datum, Unterschrift und Stempel des **Gutachters**

Abrechnung

Geb.-Nr.	Anzahl	Punkte	Anz. x Pkt.
4			
P200			
P201			
P202			
P203			
108			
111			

Summe
x Punktwert
= Honorar €
sonstige Kosten €
Abschluss der Behandlung, Datum

Datum, Unterschrift des **Zahnarztes**

MUSTER SCHÜTZDRUCK 30159 Hannover, Marktstr. 49, Tel. (05 11) 32 73 44

SCHÜTZDRUCK 30159 Hannover, Marktstr. 49, Tel. (05 11) 32 73 44 Vordr.-Nr. Z 502 1.04

Fall 3 – GOZ-Lösung

Aus dem Behandlungsablauf lassen sich für Frau Petra Lage folgende liquidierbare Leistungen ableiten:

Datum	Zahn/Zähne	GOZ/GOÄ-Nr.	Anzahl	Hinweise
03.04.		GOÄ6	1	Untersuchung Mundbereich
		GOÄ1	1	Beratung
	16	0090	1	Infiltrationsanästhesie
	16	3010	1	Extraktion, mehrwurzeliger Zahn
10.04.	OK, UK	0080	4	Oberflächenanästhesie, je Kieferhälfte
	OK, UK	4050	17	Entfernung Zahnbeläge an einwurzeligen Zähnen
	OK, UK	4055	4	Entfernung Zahnbeläge an mehrwurzeligen Zähnen
	OK, UK	GOÄ5004	1	OPG
	OK, UK	0060	1	Abformung beider Kiefer
		4000	1	Par-Status
15.04.	OK, UK	4020	1	Zahnfleischbehandlung
20.04.	OK	0090	10	Infiltrationsanästhesien, je Zahn
	OK	4070	10	chirurgische Zahnfleischentfernung
26.04.	UK	0100	2	Leitungsanästhesie, beidseitig
	32–42, 33, 34, 37,	4090	4	Lappenoperation Frontzahn
	43–46	4070	7	Gingivokürettage
02.05.	OK	4150	10	Nachbehandlung, je Zahn
06.05.	UK	4150	11	Nachbehandlung, je Zahn
10.05.	OK	4150	10	Nachbehandlung, je Zahn
14.05.	UK	4150	11	Nachbehandlung, je Zahn
20.05.	OK, UK	4150	21	Nachbehandlung, je Zahn

Fall 4 – GOZ-Lösung

Aus dem Behandlungsablauf lassen sich für Herrn Walter Bruch folgende liquidierbare Leistungen ableiten:

Datum	Zahn/Zähne	GOZ/GOÄ-Nr.	Anzahl	Hinweise
17.06.		0010	1	Eingehende Untersuchung
		GOÄ1	1	Beratung
	OK, UK	GOÄ5004	1	OPG
		4000	1	Par-Status
25.06.	OK, UK	4050	17	Entfernung Zahnbeläge an einwurzeligen Zähnen
	OK, UK	4055	9	Entfernung Zahnbeläge an mehrwurzeligen Zähnen
	OK	0090	11	Infiltrationsanästhesie, je Zahn
	OK	4020	1	Zahnfleischbehandlung
28.06.	UK	0080	2	Oberflächenanästhesie
	UK	4020	1	Zahnfleischbehandlung
03.07.	OK	0090	11	Infiltrationsanästhesie, je Zahn
	OK	4070	11	chirurgische Zahnfleischentfernung
08.07.	UK	0100	2	beidseitige Leitungsanästhesie
	UK	4070	14	chirurgische Zahnfleischentfernung
13.07.	OK	4150	11	Nachbehandlung, je Zahn
16.07.	UK	4150	14	Nachbehandlung, je Zahn
21.07.	OK, UK	4150	25	Nachbehandlung, je Zahn

Fall 1 – BEMA-Lösung

Abrechnung im 3. Quartal des Jahres

Datum				Zahn		Leistung					Bemerkung				
0	1	0	9			0	1								
0	4	0	9			1	0	1	0						
						1	0	2	0						
				1	4	9	2	5	2		0				
				3	6	4	1	1			1				
						1	3	1			1				
				3	7	1	3	1			4				
0	6	0	9	4	6	1	3	1			4				
				4	7	1	3	1			4				
1	0	0	9			1	0	7							
						1	0	4	0						
				1	6	1	2								
				2	6	1	2								
				3	6	1	2								
				4	6	1	2								
				1	6	1	0	5	0						
				1	7	1	0	5	0						
				2	6	1	0	5	0						
				2	7	1	0	5	0						
				3	6	1	0	5	0						
				3	7	1	0	5	0						
				4	6	1	0	5	0						
				4	7	1	0	5	0						

Abrechnung im 1. Quartal des folgenden Jahres

Datum				Zahn		Leistung					Bemerkung				
1	2	0	3			1	0	1	0						
						1	0	2	0						
1	5	0	3			1	0	7							
						1	0	4	0						
1	8	0	3	1	6	1	2								
				2	6	1	2								
				3	6	1	2								
				4	6	1	2								
				1	6	1	0	5	0						
				1	7	1	0	5	0						
				2	6	1	0	5	0						
				2	7	1	0	5	0						
				3	6	1	0	5	0						
				3	7	1	0	5	0						
				4	6	1	0	5	0						
				4	7	1	0	5	0						

Fall 1 – GOZ-Lösungen

Dr. Fritz Müller · Zahnarzt

Dr. Fritz Müller, Zahnarzt, Buttstegge 1, 48734 Reken

Herrn
Florian Petermann
Bernauerweg 22
64238 Darmstadt

Buttstegge 1
Tel.: 02864 94920
Fax: 02864 949222

Deutsche Bank Reken
BLZ: 600 000 01
Nr.: 130 120 900

Dresdner Bank Reken
BLZ: 600 000 02
Nr.: 822 005 918

Commerzbank Reken
BLZ: 600 000 03
Nr.: 13 6322 000

Rechnung Nr. 12-0005 Original

48734 Reken, 15.07.2012

Für zahnärztliche Behandlung gestatte ich mir **638,91 €** in Rechnung zu stellen.

Datum	Zahn	Nr.	Leistung	Anz.	Faktor	Betrag
01.06.12		0010	Untersuchung zur Feststellung von Erkrankungen	1	2,3	12,94 €
		Ä0001	Beratung – auch mittels Fernsprecher –	1	2,3	10,72 €
04.06.12		1000	Mundhygienestat. u. Unterweis. z. Vorbeug. Mindestdauer: 25 Minuten	1	2,3	25,87 €
		1010	Kontrolle des Übungserfolgs einschl. weiterer Unterweisung, Dauer: mind. 15 Minuten	1	2,3	12,94 €
	17, 14, 24, 27	Ä5000	Strahlendiagnostik Zähne, je Projektion	4	1,8	20,96 €
	37	0100	Intraorale Leitungsanästhesie	1	2,3	9,05 €
	37, 36	2050	Präparieren einer Kavität, einflächig	2	2,3	55,10 €
06.06.12	46, 47	2050	Präparieren einer Kavität, einflächig	2	2,3	55,10 €
10.06.12	15, 13–23, 25, 35–45	4050	Entfernung harter und weicher Zahnbeläge, Polieren an einwurzeligem Zahn, Implantat, Brückenglied	18	2,3	23,22 €
	17, 16, 14, 24, 26, 27, 37, 36, 46, 47	4055	Entfernung harter und weicher Zahnbeläge, Polieren an mehrwurzeligem Zahn	10	2,3	16,80 €
		1020	Lokale Fluoridierung mit Lack oder Gel, je Sitzung	1	2,3	6,47 €
10.06.12	17, 16, 26, 27, 37, 36, 46, 47	2040	Anlegen von Spanngummi je Kieferhälfte oder Frontzahnbereich	4	2,3	33,64 €
	17, 16, 26, 27, 37, 36, 46, 47	2000	Versiegelung von kariesfreien Zahnfissuren, je Zahn	8	2,3	93,12 €
12.12.12		1000	Mundhygienestat. u. Unterweis. z. Vorbeug. Mindestdauer: 25 Minuten	1	2,3	25,87 €
		1010	Kontrolle des Übungserfolgs einschl. weiterer Unterweisung, Dauer: mind. 15 Minuten	1	2,3	12,94 €
15.12.12	15, 13–23, 25, 35–45	4050	Entfernung harter und weicher Zahnbeläge, Polieren an einwurzeligem Zahn, Implantat, Brückenglied	18	2,3	23,22 €
	17, 16, 14, 24, 26, 27, 37, 36, 46, 47	4055	Entfernung harter und weicher Zahnbeläge, Polieren an mehrwurzeligem Zahn	10	2,3	16,80 €
		1020	Lokale Fluoridierung mit Lack oder Gel, je Sitzung	1	2,3	6,47 €
18.12.12	17, 27, 37, 47	2040	Anlegen von Spanngummi je Kieferhälfte oder Frontzahnbereich	4	2,3	33,64 €
	17, 16, 26, 27, 37, 36, 46, 47	2000	Versiegelung von kariesfreien Zahnfissuren, je Zahn	8	2,3	93,12 €

Honorar	587,99 €
Praxismaterial	50,92 €
Gesamtsumme	638,91 €

Überweisen Sie bitte den Betrag bis zum 14.08.2012 mit Angabe von Rechnungsnummer und Rechnungsdatum auf eines der genannten Konten.

Hinweis

Die folgenden Aufgaben sollen vor allem der Einübung der seit Januar 2005 geltenden befundbezogenen Festzuschussregelung beim Kassenpatienten dienen. Gleichwohl sollen sie zum Vergleich auch für einen Privatpatienten abgerechnet werden.

Die Lösungen der Aufgaben sind auf die Abrechnungsmöglichkeit im Saarland bezogen. Abweichungen in anderen Bundesländern sind möglich und vom Anwender zu beachten.

In den Abrechnungsfällen dieses Übungsteils werden immer der Befund und die Behandlungsplanung angegeben. Die **Aufgabenstellung** ist für **alle Aufgaben gleich:**

a) Erstellen Sie auf dem HKP nach der Regelversorgung
- **den Befund und den Behandlungsplan,**
- **die Befunde für Festzuschüsse und**
- **die Kostenplanung (BEMA-Nummern und Anzahl)**

für einen Kassenpatienten.

b) Geben Sie die für einen Privatpatienten abzurechnenden Gebührennummern mit Anzahl an.

Befundklasse 1: EINZELKRONEN

Aufgabe 1

a) Lösung für einen Kassenpatienten

I. Befund des gesamten Gebisses/Behandlungsplan

	48	47	46	45	44	43	42	41	31	32	33	34	35	36	37	38
B				ww												
R				K												
TP																

II. Befunde für Festzuschüsse

Befund Nr.	Zahn/Gebiet	Anzahl
1.1	45	1

III. Kostenplanung

BEMA-Nrn. und Anzahl: 1 x 19, 1 x 20a

b) Lösung für einen Privatpatienten

1 x Geb.-Nr. 0030 HKP
1 x Geb.-Nr. 2270 provisorische Krone
1 x Geb.-Nr. 2210 definitive Krone auf Hohlkehl- oder zirkuläre Stufenpräparation

Aufgabe 2

a) Lösung für einen Kassenpatienten

I. Befund des gesamten Gebisses/Behandlungsplan

TP																
R			PK													
B			pw													
	18	17	16	15	14	13	12	11	21	22	23	24	25	26	27	28

II. Befunde für Festzuschüsse

Befund Nr.	Zahn/Gebiet	Anzahl
1.2	16	1

III. Kostenplanung

BEMA-Nrn. und Anzahl:	1 x 19, 1 x 20c

b) Lösung für einen Privatpatienten

1 x Geb.-Nr. 0030 HKP
1 x Geb.-Nr. 2270 provisorische Krone
1 x Geb.-Nr. 2220 definitive Teilkrone

Aufgabe 3

a) Lösung für einen Kassenpatienten

I. Befund des gesamten Gebisses/Behandlungsplan

	48	47	46	45	44	43	42	41	31	32	33	34	35	36	37	38
B									ww							
R									KV							
TP																

II. Befunde für Festzuschüsse

Befund Nr.	Zahn/Gebiet	Anzahl
1.1	31	1
1.3	31	1

III. Kostenplanung

BEMA-Nrn. und Anzahl:	1 x 19, 1 x 20b

b) Lösung für einen Privatpatienten

1 x Geb.-Nr. 0030 HKP
1 x Geb.-Nr. 2270 provisorische Krone
1 x Geb.-Nr. 2210 Verblendkrone auf zirkulärer Stufenpräparation
Durch einen erhöhten Steigerungsfaktor wird der Verblendung Rechnung getragen.

Aufgabe 4

a) Lösung für einen Kassenpatienten

I. Befund des gesamten Gebisses/Behandlungsplan

	48	47	46	45	44	43	42	41	31	32	33	34	35	36	37	38
B				ww												
R				K												
TP																

II. Befunde für Festzuschüsse

Befund Nr.	Zahn/Gebiet	Anzahl
1.1	45	1
1.4	45	1

III. Kostenplanung

BEMA-Nrn. und Anzahl: 1 x 18a, 1 x 19, 1 x 20a

b) Lösung für einen Privatpatienten

1 x Geb.-Nr. 0030 HKP
1 x Geb.-Nr. 2190 (auch konfektionierter) Stiftaufbau mit Verankerung im Wurzelkanal + Materialkosten
1 x Geb.-Nr. 2270 provisorische Krone
1 x Geb.-Nr. 2210 definitive Krone auf zirkulärer Stufenpräparation

Aufgabe 5

a) Lösung für einen Kassenpatienten

I. Befund des gesamten Gebisses/Behandlungsplan

	48	47	46	45	44	43	42	41	31	32	33	34	35	36	37	38
B					ww											
R					KV											
TP																

II. Befunde für Festzuschüsse

Befund Nr.	Zahn/Gebiet	Anzahl
1.1	44	1
1.4	44	1
1.3	44	1

III. Kostenplanung

BEMA-Nrn. und Anzahl: 1 x 18a, 1 x 19, 1 x 20b

b) Lösung für einen Privatpatienten

1 x Geb.-Nr. 0030 HKP
1 x Geb.-Nr. 2190 (auch konfektionierter) Stiftaufbau mit Verankerung im Wurzelkanal + Materialkosten
1 x Geb.-Nr. 2270 provisorische Krone
1 x Geb.-Nr. 2210 definitive Krone auf Hohlkehlpräparation
erhöhter Steigerungsfaktor wegen Verblendung

Aufgabe 6

a) Lösung für einen Kassenpatienten

I. Befund des gesamten Gebisses/Behandlungsplan

	48	47	46	45	44	43	42	41	31	32	33	34	35	36	37	38
B								ww								
R								KV								
TP																

II. Befunde, für Festzuschüsse

Befund Nr.	Zahn/Gebiet	Anzahl
1.1	41	1
1.3	41	1
1.5	41	1

III. Kostenplanung

BEMA-Nrn. und Anzahl:	1 x 21, 1 x 20b, 1 x 18b

b) Lösung für einen Privatpatienten

1 x Geb.-Nr. 0030 HKP
1 x Geb.-Nr. 2270 provisorische Krone mit Stiftverankerung
1 x Geb.-Nr. 2190 gegossener Stiftaufbau
1 x Geb.-Nr. 2210 definitive Krone auf Hohlkehlpräparation
erhöhter Steigerungsfaktor wegen Verblendung

Aufgabe 7

a) Lösung für einen Kassenpatienten

I. Befund des gesamten Gebisses/Behandlungsplan

TP																
R			K													
B			ww													
	18	17	16	15	14	13	12	11	21	22	23	24	25	26	27	28

II. Befunde für Festzuschüsse

Befund Nr.	Zahn/Gebiet	Anzahl
1.1	16	1
1.5	16	1

III. Kostenplanung

BEMA-Nrn. und Anzahl:	1 x 18b, 1 x 20a, 1 x 21

b) Lösung für einen Privatpatienten

1 x Geb.-Nr. 0030 HKP
1 x Geb.-Nr. 2270 provisorische Krone mit Stift
1 x Geb.-Nr. 2190 gegossener Stiftaufbau + Materialkosten für 2 Stifte
1 x Geb.-Nr. 2200 definitive Krone auf Tangentialpräparation

Aufgabe 8

a) Lösung für einen Kassenpatienten

I. Befund des gesamten Gebisses/Behandlungsplan

TP																
R				KV												
B				ww												
	18	17	16	15	14	13	12	11	21	22	23	24	25	26	27	28

II. Befunde für Festzuschüsse

Befund Nr.	Zahn/Gebiet	Anzahl
1.1	15	1
1.3	15	1
1.5	15	1

III. Kostenplanung

BEMA-Nrn. und Anzahl:	1 x 18b, 1 x 20b, 1 x 21

b) Lösung für einen Privatpatienten

1 x Geb.-Nr. 0030 HKP
1 x Geb.-Nr. 2270 provisorische Krone mit Stift
1 x Geb.-Nr. 2190 gegossener Stiftaufbau + Materialkosten
1 x Geb.-Nr. 2210 definitive Hohlkehlkrone
erhöhter Steigerungsfaktor für Verblendung

Aufgabe 9

a) Lösung für einen Kassenpatienten

I. Befund des gesamten Gebisses/Behandlungsplan

TP																
R										KV		PK				
B										kw		pw				
	18	17	16	15	14	13	12	11	21	22	23	24	25	26	27	28
	48	47	46	45	44	43	42	41	31	32	33	34	35	36	37	38
B													ww			
R													K			
TP																

II. Befunde für Festzuschüsse

Befund Nr.	Zahn/Gebiet	Anzahl
1.1	22, 35	2
1.2	24	1
1.3	22	1

III. Kostenplanung

BEMA-Nrn. und Anzahl:3 x 19, 1 x 20a, 1 x 20b, 1 x 20c

b) Lösung für einen Privatpatienten

1 x Geb.-Nr. 0030 HKP
3 x Geb.-Nr. 2270 provisorische Kronen
2 x Geb.-Nr. 2210 definitive Kronen auf Hohlkehle bzw. zirkulärer Stufe
1 x Geb.-Nr. 2220 Teilkrone
erhöhter Steigerungsfaktor wegen Verblendung

Befundklasse 2: BRÜCKEN

Aufgabe 1

a) Lösung für einen Kassenpatienten

I. Befund des gesamten Gebisses/Behandlungsplan

	48	47	46	45	44	43	42	41	31	32	33	34	35	36	37	38
B														f		
R													K	B	K	
TP																

II. Befunde für Festzuschüsse

Befund Nr.	Zahn/Gebiet	Anzahl
2.1	35–37	1

III. Kostenplanung

BEMA-Nrn. und Anzahl: 3 x 19, 2 x 91a, 1 x 92

b) Lösung für einen Privatpatienten

1 x Geb.-Nr. 0030 HKP
2 x Geb.-Nr. 5120 provisorische Anker
1 x Geb.-Nr. 5140 provisorische Spanne
2 x Geb.-Nr. 5010 definitive Brückenanker auf Hohlkehle
1 x Geb.-Nr. 5070 definitive Spanne

Aufgabe 2

a) Lösung für einen Kassenpatienten

I. Befund des gesamten Gebisses/Behandlungsplan

TP																
R													KV	B	K	
B	f													f	ww	f
	18	17	16	15	14	13	12	11	21	22	23	24	25	26	27	28

II. Befunde für Festzuschüsse

Befund Nr.	Zahn/Gebiet	Anzahl
2.1	25–27	1
2.7	25	1

III. Kostenplanung

BEMA-Nrn. und Anzahl: 3 x 19, 1 x 91a, 1 x 91b, 1 x 92

b) Lösung für einen Privatpatienten

1 x Geb.-Nr. 0030 HKP
2 x Geb.-Nr. 5120 provisorische Anker
1 x Geb.-Nr. 5140 provisorische Spanne
2 x Geb.-Nr. 5010 definitive Brückenanker auf zirkulärer Stufe
1 x Geb.-Nr. 5070 definitive Spanne
Die Verblendung wird durch einen erhöhten Steigerungsfaktor berücksichtigt.

Aufgabe 3

a) Lösung für einen Kassenpatienten

I. Befund des gesamten Gebisses/Behandlungsplan

TP																
R								KV	BV	KV						
B									f							
	18	17	16	15	14	13	12	11	21	22	23	24	25	26	27	28

II. Befunde für Festzuschüsse

Befund Nr.	Zahn/Gebiet	Anzahl
2.1	11–22	1
2.7	11–22	3

III. Kostenplanung

BEMA-Nrn. und Anzahl:	3 x 19, 2 x 91b, 1 x 92

b) Lösung für einen Privatpatienten

1 x Geb.-Nr. 0030 HKP
2 x Geb.-Nr. 5120 provisorische Anker
1 x Geb.-Nr. 5140 provisorische Spanne
2 x Geb.-Nr. 5010 definitive Brückenanker auf Hohlkehlpräparation
1 x Geb.-Nr. 5070 definitive Spanne
Die Verblendung wird durch einen erhöhten Steigerungsfaktor berücksichtigt.

Aufgabe 4

a) Lösung für einen Kassenpatienten

I. Befund des gesamten Gebisses/Behandlungsplan

	48	47	46	45	44	43	42	41	31	32	33	34	35	36	37	38
B	f						ww	f	f							f
R							KV	BV	BV	KV						
TP																

II. Befunde für Festzuschüsse

Befund Nr.	Zahn/Gebiet	Anzahl
2.2	42–32	1
2.7	42–32	4

III. Kostenplanung

BEMA-Nrn. und Anzahl:	4 x 19, 2 x 91b, 1 x 92

b) Lösung für einen Privatpatienten

1 x Geb.-Nr. 0030 HKP
2 x Geb.-Nr. 5120 provisorische Anker
1 x Geb.-Nr. 5140 provisorische Spanne
2 x Geb.-Nr. 5010 definitive Brückenanker auf zirkulärer Stufe
1 x Geb.-Nr. 5070 definitive Spanne
Die Verblendung wird durch einen erhöhten Steigerungsfaktor berücksichtigt.

Aufgabe 5

a) Lösung für einen Kassenpatienten

I. Befund des gesamten Gebisses/Behandlungsplan

	48	47	46	45	44	43	42	41	31	32	33	34	35	36	37	38
B		kw	f	f	f											
R		K	B	B	BV	KV										
TP																

II. Befunde für Festzuschüsse

Befund Nr.	Zahn/Gebiet	Anzahl
2.3	43–47	1
2.7	43–44	2

III. Kostenplanung

BEMA-Nrn. und Anzahl: 5 x 19, 1 x 91b, 1 x 91a, 1 x 92

b) Lösung für einen Privatpatienten

1 x Geb.-Nr. 0030 HKP
2 x Geb.-Nr. 5120 provisorische Anker
1 x Geb.-Nr. 5140 provisorische Spanne
2 x Geb.-Nr. 5010 definitive Brückenanker auf Hohlkehle
1 x Geb.-Nr. 5070 definitive Spanne
Die Verblendung wird durch einen erhöhten Steigerungsfaktor berücksichtigt.

Aufgabe 6

a) Lösung für einen Kassenpatienten

I. Befund des gesamten Gebisses/Behandlungsplan

TP																
R					KV	BV	BV	BV	KV							
B	f					f	f	f	ww							
	18	17	16	15	14	13	12	11	21	22	23	24	25	26	27	28

II. Befunde für Festzuschüsse

Befund Nr.	Zahn/Gebiet	Anzahl
2.3	14–21	1
2.7	14–21	5

III. Kostenplanung

BEMA-Nrn. und Anzahl: 5 x 19, 2 x 91b, 1 x 92

b) Lösung für einen Privatpatienten

1 x Geb.-Nr. 0030 HKP
2 x Geb.-Nr. 5120 provisorische Anker
1 x Geb.-Nr. 5140 provisorische Spanne
2 x Geb.-Nr. 5010 definitive Brückenanker auf Hohlkehle
1 x Geb.-Nr. 5070 definitive Spanne
Die Verblendung wird durch einen erhöhten Steigerungsfaktor berücksichtigt.

Aufgabe 7

a) Lösung für einen Kassenpatienten

I. Befund des gesamten Gebisses/Behandlungsplan

	48	47	46	45	44	43	42	41	31	32	33	34	35	36	37	38
B								f	f	f	f					
R							KV	BV	BV	BV	BV	KV				
TP																

II. Befunde für Festzuschüsse

Befund Nr.	Zahn/Gebiet	Anzahl
2.4	42–34	1
2.7	42–34	6

III. Kostenplanung

BEMA-Nrn. und Anzahl: 6 x 19, 2 x 91 b, 1 x 92, 1 x 98 a

b) Lösung für einen Privatpatienten

1 x Geb.-Nr. 0030 HKP
1 x Geb.-Nr. 0050 Situationsmodell eines Kiefers
1 x Geb.-Nr. 5170 individuelle Löffel
2 x Geb.-Nr. 5120 provisorische Anker
1 x Geb.-Nr. 5140 provisorische Spanne
2 x Geb.-Nr. 5010 definitive Brückenanker auf zirkulärer Stufe
1 x Geb.-Nr. 5070 definitive Spanne
Die Verblendung wird durch einen erhöhten Steigerungsfaktor berücksichtigt.

Aufgabe 8

a) Lösung für einen Kassenpatienten

I. Befund des gesamten Gebisses/Behandlungsplan

TP																
R								KV	BV	KV	BV	BV	BV	K		
B									f		f	f	f			
	18	17	16	15	14	13	12	11	21	22	23	24	25	26	27	28

II. Befunde für Festzuschüsse

Befund Nr.	Zahn/Gebiet	Anzahl
2.3	22–26	1
2.5	11–22	1
2.7	11–25	6

III. Kostenplanung

BEMA-Nrn. und Anzahl: 7 x 19, 2 x 91 b, 1 x 91 a, 2 x 92, 1 x 98 a

b) Lösung für einen Privatpatienten

1 x Geb.-Nr. 0030 HKP
1 x Geb.-Nr. 0050 Planungsmodell eines Kiefers
1 x Geb.-Nr. 5170 individueller Löffel
3 x Geb.-Nr. 5120 provisorische Anker
2 x Geb.-Nr. 5140 provisorische Spannen
3 x Geb.-Nr. 5010 definitive Brückenanker auf Hohlkehle
2 x Geb.-Nr. 5070 definitive Spannen
Die Verblendung wird durch einen erhöhten Steigerungsfaktor berücksichtigt.

Aufgabe 9

a) Lösung für einen Kassenpatienten

I. Befund des gesamten Gebisses/Behandlungsplan

	48	47	46	45	44	43	42	41	31	32	33	34	35	36	37	38
B									f	f		f	ww			
R								KV	BV	BV	KV	BV	K			
TP																

II. Befunde für Festzuschüsse

Befund Nr.	Zahn/Gebiet	Anzahl
2.2	33–41	1
2.5	35–33	1
2.7	34–41	5
1.5	35	1

III. Kostenplanung

BEMA-Nrn. und Anzahl:	1 x 21, 5 x 19, 2 x 91 b, 1 x 91 a, 2 x 92, 1 x 18 b

b) Lösung für einen Privatpatienten

1 x Geb.-Nr. 0030 HKP
2 x Geb.-Nr. 5120 provisorische Brückenanker
1 x Geb.-Nr. 2270 Provisorium mit Abformung
1 x Geb.-Nr. 2190 gegossener Stiftaufbau
2 x Geb.-Nr. 5140 provisorische Spannen
3 x Geb.-Nr. 5010 definitive Anker auf Hohlkehle
2 x Geb.-Nr. 5070 definitive Spannen
Die Verblendung wird durch einen erhöhten Steigerungsfaktor berücksichtigt.

Aufgabe 10

a) Lösung für einen Kassenpatienten

I. Befund des gesamten Gebisses/Behandlungsplan

	48	47	46	45	44	43	42	41	31	32	33	34	35	36	37	38
B		f	f													
R	K	B	O B	K												
TR																

II. Befunde für Festzuschüsse

Befund Nr.	Zahn/Gebiet	Anzahl
2.2	45–48	1
2.6	46, 47	1

III. Kostenplanung

BEMA-Nrn. und Anzahl: 4 x 19, 2 x 91 a, 1 x 92, 1 x 91 e

b) Lösung für einen Privatpatienten

1 x Geb.-Nr. 0030 HKP
2 x Geb.-Nr. 5120 provisorische Anker
1 x Geb.-Nr. 5140 provisorische Spanne
2 x Geb.-Nr. 5010 definitive Brückenanker auf zirkulärer Stufe
1 x Geb.-Nr. 5070 definitive Spanne
1 x Geb.-Nr. 5080 Verbindungselement/Geschiebe
Die Verblendung wird durch einen erhöhten Steigerungsfaktor berücksichtigt.

Befundklasse 3: TEILPROTHESEN

Aufgabe 1

a) Lösung für einen Kassenpatienten

I. Befund des gesamten Gebisses/Behandlungsplan

TP																
R	E	E	E	H							H	E	E	E	E	E
B	f	f	f									f	f	f	f	f
	18	17	16	15	14	13	12	11	21	22	23	24	25	26	27	28

II. Befunde für Festzuschüsse

Befund Nr.	Zahn/Gebiet	Anzahl
3.1	OK	1

III. Kostenplanung

BEMA-Nrn. und Anzahl: 1 x 98 a, 1 x 96 b, 1 x 98 g, 1 x 98 h/2, 1 x 89

b) Lösung für einen Privatpatienten

1 x Geb.-Nr. 0030 HKP
1 x Geb.-Nr. 5180 Funktionsabformung OK mit individuellem Löffel
1 x Geb.-Nr. 5210 Modellgussprothese mit Halte- und Stützelementen
2 x Geb.-Nr. 5070 Prothesensattel
1 x Geb.-Nr. 4040 Einschleifmaßnahmen

Aufgabe 2

a) Lösung für einen Kassenpatienten

I. Befund des gesamten Gebisses/Behandlungsplan

TP																
R									E		E		E	KH		
B									f		f		f	ww		
	18	17	16	15	14	13	12	11	21	22	23	24	25	26	27	28

II. Befunde für Festzuschüsse

Befund Nr.	Zahn/Gebiet	Anzahl
3.1	OK	1
1.1	26	1

III. Kostenplanung

BEMA-Nrn. und Anzahl:	1 x 98 a, 1 x 19, 1 x 20 a, 1 x 98 g, 1 x 96 a, 1 x 98 h/1

b) Lösung für einen Privatpatienten

1 x Geb.-Nr. 0030 HKP
1 x Geb.-Nr. 5180 Funktionsabformung OK mit individuellem Löffel
1 x Geb.-Nr. 5210 Modellgussprothese mit Halte- und Stützelementen
3 x Geb.-Nr. 5070 Prothesensattel
1 x Geb.-Nr. 2270 provisorische Krone
1 x Geb.-Nr. 2210 Vollkrone auf Hohlkehle

Aufgabe 3

a) Lösung für einen Kassenpatienten

I. Befund des gesamten Gebisses/Behandlungsplan

	48	47	46	45	44	43	42	41	31	32	33	34	35	36	37	38
B	f											x	f	f	f	f
R					H						H	E	E	E	E	E
TP																

II. Befunde für Festzuschüsse

Befund Nr.	Zahn/Gebiet	Anzahl
3.1	UK	1

III. Kostenplanung

BEMA-Nrn. und Anzahl:	1 x 98 a, 1 x 96 b, 1 x 98 g, 1 x 98 h/2, 1 x 89

b) Lösung für einen Privatpatienten

1 x Geb.-Nr. 0030 HKP
1 x Geb.-Nr. 5190 Funktionsabformung UK mit individuellem Löffel
1 x Geb.-Nr. 5210 Modellgussprothese mit Halte- und Stützelementen
1 x Geb.-Nr. 5070 Prothesensattel
1 x Geb.-Nr. 4040 Einschleifmaßnahmen

Aufgabe 4

a) Lösung für einen Kassenpatienten

I. Befund des gesamten Gebisses/Behandlungsplan

TP																
R	H	E	E	H	E	H				KV		H	E	H	E	E
B		f	f		f					ww			f		f	x
	18	17	16	15	14	13	12	11	21	22	23	24	25	26	27	28

II. Befunde für Festzuschüsse

Befund Nr.	Zahn/Gebiet	Anzahl
3.1	OK	1
1.1	22	1
1.3	22	1

III. Kostenplanung

BEMA-Nrn. und Anzahl:	1 x 7 b, 2 x 98 a, 1 x 98 b (Begründungsnotwendigkeit), 1 x 19, 1 x 20 b, 1 x 96 b, 1 x 98 g, 1 x 98 h/2

b) Lösung für einen Privatpatienten

1 x Geb.-Nr. 0030 HKP
1 x Geb.-Nr. 0060 Situationsmodelle beider Kiefer
2 x Geb.-Nr. 5170 individuelle Löffel
1 x Geb.-Nr. 5180 Funktionsabformung OK mit individuellem Löffel
1 x Geb.-Nr. 5210 Modellgussprothese mit Halte- und Stützelementen
4 x Geb.-Nr. 5070 Prothesensattel
1 x Geb.-Nr. 2270 provisorische Krone
1 x Geb.-Nr. 2210 definitive Krone auf Hohlkehle

Aufgabe 5

a) Lösung für einen Kassenpatienten

I. Befund des gesamten Gebisses/Behandlungsplan

TP																
R	E	E	H				KV	BV	BV	KV	H	E	E	E	E	E
B	f	f						f	f			x	f	f	f	f
	18	17	16	15	14	13	12	11	21	22	23	24	25	26	27	28

II. Befunde für Festzuschüsse

Befund Nr.	Zahn/Gebiet	Anzahl
3.1	OK	1
2.2	12–22	1
2.7	12–22	4

III. Kostenplanung

BEMA-Nrn. und Anzahl:	1 x 7 b, 2 x 98 a, 4 x 19, 2 x 91 b, 1 x 92, 1 x 96 b, 1 x 98 g, 1 x 98 h/2

b) Lösung für einen Privatpatienten

1 x Geb.-Nr. 0030 HKP
1 x Geb.-Nr. 0060 Situationsmodelle beider Kiefer
2 x Geb.-Nr. 5170 individuelle Löffel
2 x Geb.-Nr. 5120 provisorische Anker
1 x Geb.-Nr. 5140 provisorische Spanne
2 x Geb.-Nr. 5010 definitive Anker auf zirkulärer Stufe
1 x Geb.-Nr. 5070 definitive Spanne
1 x Geb.-Nr. 5210 Modellgussprothese mit Halte- und Stützelementen
2 x Geb.-Nr. 5070 Prothesensattel

Aufgabe 6

a) Lösung für einen Kassenpatienten

I. Befund des gesamten Gebisses/Behandlungsplan

TP																
R	E	E	H	E	H	KV	BV	KV			E	E	E	H	E	E
B	f	f		f			f				f	f	f		f	f
	18	17	16	15	14	13	12	11	21	22	23	24	25	26	27	28

II. Befunde für Festzuschüsse

Befund Nr.	Zahn/Gebiet	Anzahl
3.1	OK	1
2.1	13–11	1
2.7	13–11	3

III. Kostenplanung

BEMA-Nrn. und Anzahl:	3 x 19, 1 x 92, 2 x 91 b, 1 x 96 b, 1 x 98 g, 1 x 98 h/2, 1 x 7 b, 1 x 89

b) Lösung für einen Privatpatienten

1 x Geb.-Nr. 0030 HKP
1 x Geb.-Nr. 0060 Situationsmodelle beider Kiefer
1 x Geb.-Nr. 5210 Modellgussprothese mit Halte- und Stützelementen
4 x Geb.-Nr. 5070 Prothesensattel
1 x Geb.-Nr. 4040 Einschleifmaßnahmen
2 x Geb.-Nr. 5120 provisorische Anker
1 x Geb.-Nr. 5140 provisorische Spanne
2 x Geb.-Nr. 5010 definitive Brückenanker auf Hohlkehle
1 x Geb.-Nr. 5070 definitive Brückenspanne

Aufgabe 7

a) Lösung für einen Kassenpatienten

I. Befund des gesamten Gebisses/Behandlungsplan

TP																
R	E	E	E	E	H		KV	BV	BV	KV	KV	KVH	E	E	E	E
B	f	f	f	f				f	f		ww	ww	x	f	x	f
	18	17	16	15	14	13	12	11	21	22	23	24	25	26	27	28

II. Befunde für Festzuschüsse

Befund Nr.	Zahn/Gebiet	Anzahl
3.1	OK	1
2.2	12–22	1
1.1	23, 24	2
1.3	23, 24	2
2.7	12–22	4

III. Kostenplanung

BEMA-Nrn. und Anzahl:	6 x 19, 2 x 20 b, 2 x 91 b, 1 x 92, 1 x 96 b, 1 x 98 g, 1 x 98 h/2, 1 x 7 b, 1 x 98 a, 1 x 98 b, 1 x 89

b) Lösung für einen Privatpatienten

1 x Geb.-Nr. 0030 HKP
1 x Geb.-Nr. 5180 Funktionsabformung OK mit individuellem Löffel
1 x Geb.-Nr. 0060 Situationsmodelle beider Kiefer
1 x Geb.-Nr. 5170 individueller Löffel
1 x Geb.-Nr. 5210 Modellgussprothese mit Halte- und Stützelementen
2 x Geb.-Nr. 5070 Prothesensattel
1 x Geb.-Nr. 4040 Einschleifmaßnahmen
2 x Geb.-Nr. 5120 provisorische Brückenanker
1 x Geb.-Nr. 5140 provisorische Brückenspanne
2 x Geb.-Nr. 5010 definitive Brückenanker auf zirkulärer Stufe
1 x Geb.-Nr. 5070 definitive Brückenspanne
2 x Geb.-Nr. 2260 provisorische Kronen
2 x Geb.-Nr. 2210 definitive Kronen auf zirkulärer Stufe

Aufgabe 8

a) Lösung für einen Kassenpatienten

I. Befund des gesamten Gebisses/Behandlungsplan

TP																
R	E	E	E	E	E	TV					TV	E	E	E	E	E
B	f	f	f	f	f							f	f	f	f	f
	18	17	16	15	14	13	12	11	21	22	23	24	25	26	27	28

II. Befunde für Festzuschüsse

Befund Nr.	Zahn/Gebiet	Anzahl
3.1	OK	1
3.2	13, 23	2
4.7	13, 23	2

III. Kostenplanung

BEMA-Nrn. und Anzahl:	2 x 19, 2 x 91 d, 1 x 96 c, 1 x 98 g, 1 x 98 a, 1 x 89

b) Lösung für einen Privatpatienten

1 x Geb.-Nr. 0030 HKP
1 x Geb.-Nr. 0050 Situationsmodell eines Kiefers
1 x Geb.-Nr. 5170 individuelle Löffel
1 x Geb.-Nr. 4040 Einschleifmaßnahmen
2 x Geb.-Nr. 2270 provisorische Kronen
2 x Geb.-Nr. 5040 Teleskopkronen
1 x Geb.-Nr. 5210 Modellgussprothese mit Halte- und Stützelementen
2 x Geb.-Nr. 5070 Prothesensattel

Aufgabe 9

a) Lösung für einen Kassenpatienten

I. Befund des gesamten Gebisses/Behandlungsplan

	48	47	46	45	44	43	42	41	31	32	33	34	35	36	37	38
B	f	f	f	f	f							x	f	f		
R	E	E	E	E	E	TV					TV	E	E	E	H	
TP																

II. Befunde für Festzuschüsse

Befund Nr.	Zahn/Gebiet	Anzahl
3.1	UK	1
3.2	33, 43	2
4.7	33, 43	2

III. Kostenplanung

BEMA-Nrn. und Anzahl:	2 x 19, 2 x 91 d, 1 x 96 b, 1 x 98 g, 1 x 98 h/1

b) Lösung für einen Privatpatienten

1 x Geb.-Nr. 0030 HKP
1 x Geb.-Nr. 0050 Situationsmodell eines Kiefers
1 x Geb.-Nr. 5210 Modellgussprothese mit Halte- und Stützelementen
2 x Geb.-Nr. 5070 Prothesensattel
2 x Geb.-Nr. 2260 provisorische Krone
2 x Geb.-Nr. 5040 Teleskopkrone

Aufgabe 10

a) Lösung für einen Kassenpatienten

I. Befund des gesamten Gebisses/Behandlungsplan

	48	47	46	45	44	43	42	41	31	32	33	34	35	36	37	38
B	f	f		f	f							f			f	f
R	E	E	H	E	E	TV					TV	E		H	E	E
TP																

II. Befunde für Festzuschüsse

Befund Nr.	Zahn/Gebiet	Anzahl
3.1	UK	1
3.2	33, 43	2
4.7	33, 43	2

III. Kostenplanung

BEMA-Nrn. und Anzahl:	2 x 19, 1 x 96 b, 1 x 98 g, 1 x 98 h/2, 1 x 98 a, 1 x 98 c, 2 x 91 d

b) Lösung für einen Privatpatienten

1 x Geb.-Nr. 0030 HKP
1 x Geb.-Nr. 5190 Funktionsabformung UK mit individuellem Löffel
1 x Geb.-Nr. 0050 Situationsmodell eines Kiefers
1 x Geb.-Nr. 5170 individuelle Löffel
2 x Geb.-Nr. 2260 provisorische Kronen
2 x Geb.-Nr. 5040 Teleskopkronen
1 x Geb.-Nr. 5210 Modellgussprothese mit Halte- und Stützelementen
4 x Geb.-Nr. 5070 Prothesensattel

Aufgabe 11

a) Lösung für einen Kassenpatienten

I. Befund des gesamten Gebisses/Behandlungsplan

TP																
R	E	E	E	E	E	TV	KV	BV	BV	KV	TV	E	E	H	E	E
B	f	f	f	f	f			f	f			f	f		f	f
	18	17	16	15	14	13	12	11	21	22	23	24	25	26	27	28

II. Befunde für Festzuschüsse

Befund Nr.	Zahn/Gebiet	Anzahl
3.1	OK	1
3.2	13, 23	2
4.7	13, 23	2
2.2	12–22	1
2.7	12–22	4

III. Kostenplanung

BEMA-Nrn. und Anzahl:	6 x 19, 1 x 96 c, 1 x 98 g, 2 x 91 d, 1 x 98 h/1, 2 x 91 b, 1 x 92, 1 x 7 b, 2 x 98 a, 1 x 98 b, 1 x 89

b) Lösung für einen Privatpatienten

1 x Geb.-Nr. 0030 HKP
1 x Geb.-Nr. 0060 Situationsmodelle beider Kiefer
2 x Geb.-Nr. 5170 individuelle Löffel
1 x Geb.-Nr. 5180 Funktionsabformung OK mit individuellem Löffel
1 x Geb.-Nr. 5210 Modellgussprothese mit Halte- und Stützelementen
3 x Geb.-Nr. 5070 Prothesensattel
1 x Geb.-Nr. 4040 Einschleifmaßnahmen
2 x Geb.-Nr. 2270 provisorische Kronen
2 x Geb.-Nr. 5040 Teleskopkronen
2 x Geb.-Nr. 5120 provisorische Anker
1 x Geb.-Nr. 5140 provisorische Spanne
2 x Geb.-Nr. 5010 definitive Anker
1 x Geb.-Nr. 5070 definitive Spanne

Aufgabe 12

a) Lösung für einen Kassenpatienten

I. Befund des gesamten Gebisses/Behandlungsplan

	48	47	46	45	44	43	42	41	31	32	33	34	35	36	37	38
B	f	f		f	f	ww		f			kw	f	f			f
R	E	E	H	E	E	TV		E			TV	E	E	H		
TP																

II. Befunde für Festzuschüsse

Befund Nr.	Zahn/Gebiet	Anzahl
3.1	UK	1
3.2	33, 43	2
4.7	33, 43	2

III. Kostenplanung

BEMA-Nrn. und Anzahl:	2 x 19, 1 x 96 b, 1 x 98 g, 1 x 98 h/2, 1 x 98 c, 2 x 91 d

b) Lösung für einen Privatpatienten

1 x Geb.-Nr. 0030 HKP
1 x Geb.-Nr. 5190 Funktionsabformung UK mit individuellem Löffel
2 x Geb.-Nr. 2260 provisorische Krone
2 x Geb.-Nr. 5040 Teleskopkrone
1 x Geb.-Nr. 5210 Modellgussprothese mit Halte- und Stützelementen
4 x Geb.-Nr. 5070 Prothesensattel

Befundklasse 4: TOTALPROTHESEN

Aufgabe 1

a) Lösung für einen Kassenpatienten

I. Befund des gesamten Gebisses/Behandlungsplan

TP																
R	E	E	E	E	E	TV	E	E	E	E	E	E	E	T	E	E
B	f	f	f	f	f	ww	f	f	f	f	x	f	f	ww	f	f
	18	17	16	15	14	13	12	11	21	22	23	24	25	26	27	28

II. Befunde, für Festzuschüsse

Befund Nr.	Zahn/Gebiet	Anzahl
4.1	OK	1
4.6	13, 26	2
4.7	13	1

III. Kostenplanung

BEMA-Nrn. und Anzahl: 2 x 19, 2 x 91d, 1 x 98b, 1 x 97a, 1 x 98a

b) Lösung für einen Privatpatienten

1 x Geb.-Nr. 0030 HKP
1 x Geb.-Nr. 5170 individueller Löffel
1 x Geb.-Nr. 5180 Funktionsabformung OK mit individuellem Löffel
2 x Geb.-Nr. 2260 provisorische Kronen
2 x Geb.-Nr. 5040 Teleskopkronen
1 x Geb.-Nr. 5220 Cover-Denture-Prothese im OK
1 x Geb.-Nr. 5070 Prothesenspannen

Aufgabe 2

a) Lösung für einen Kassenpatienten

I. Befund des gesamten Gebisses/Behandlungsplan

TP																
R	E	E	E	E	E	E	E	E	E	E	E	E	E	E	E	E
B	ew	ew	ew	ew	ew	ew	ew	ew	ew	ew	ew	ew	ew	ew	ew	ew
	18	17	16	15	14	13	12	11	21	22	23	24	25	26	27	28

II. Befunde, für Festzuschüsse

Befund Nr.	Zahn/Gebiet	Anzahl
4.2	OK	1

III. Kostenplanung

BEMA-Nrn. und Anzahl: 1 x 98b, 1 x 97a, 1 x 89

b) Lösung für einen Privatpatienten

1 x Geb.-Nr. 0030 HKP
1 x Geb.-Nr. 5180 Funktionsabformung OK mit individuellem Löffel
1 x Geb.-Nr. 5220 Totalprothese
3 x Geb.-Nr. 4040 Herstellen der Okklusion und Artikulation

Aufgabe 3

a) Lösung für einen Kassenpatienten

I. Befund des gesamten Gebisses/Behandlungsplan

	48	47	46	45	44	43	42	41	31	32	33	34	35	36	37	38
B	ew	ew	ew	ew	ew	ew	ew	ew	ew	ew	ew	ew	ew	ew	ew	ew
R	E	E	E	E	E	E	E	E	E	E	E	E	E	E	E	E
TP																

II. Befunde, für Festzuschüsse

Befund Nr.	Zahn/Gebiet	Anzahl
4.4	UK	1
4.9	UK	1

III. Kostenplanung

BEMA-Nrn. und Anzahl:	1 x 97b, 1 x 98a, 1 x 98c, 1 x 98d

b) Lösung für einen Privatpatienten

1 x Geb.-Nr. 0030 HKP
1 x Geb.-Nr. 5170 individuelle Löffel
1 x Geb.-Nr. 8010 Stützstiftregistrierung
1 x Geb.-Nr. 5190 Funktionsabformung UK mit individuellem Löffel
1 x Geb.-Nr. 5230 Totalprothese

Aufgabe 4

a) Lösung für einen Kassenpatienten

I. Befund des gesamten Gebisses/Behandlungsplan

TP																
R	E	E	E	E	E	R	E	E	E	E	E	E	E	E	R	
B	ew	ew	ew	ew	ew	rw	ew	ew	ew	ew	ew	ew	ew	ew	rw	ew
	18	17	16	15	14	13	12	11	21	22	23	24	25	26	27	28

II. Befunde, für Festzuschüsse

Befund Nr.	Zahn/Gebiet	Anzahl
4.1	OK	1
4.8	13, 27	2

III. Kostenplanung

BEMA-Nrn. und Anzahl:	1 x 7 b, 2 x 98 a, 1 x 98 b, 1 x 97 a, 2 x 21, 2 x 90

b) Lösung für einen Privatpatienten

1 x Geb.-Nr. 0030 HKP
1 x Geb.-Nr. 0060 Planungsmodelle beider Kiefer
2 x Geb.-Nr. 5170 individuelle Löffel
1 x Geb.-Nr. 5180 Funktionsabformung OK
2 x Geb.-Nr. 2270 Provisorium mit Abformung
2 x Geb.-Nr. 2190 gegossener Stift
2 x Geb.-Nr. 5030 Wurzelstiftkappen
2 x Geb.-Nr. 5080 Verbindungselemente (möglich, weil keine Teleskopkronen)
1 x Geb.-Nr. 5220 Cover-Denture-Prothese im OK
2 x Geb.-Nr. 5070 Prothesenspanne
2 x Geb.-Nr. 2190 gegossener Stift

Aufgabe 5

a) Lösung für einen Kassenpatienten

I. Befund des gesamten Gebisses/Behandlungsplan

	48	47	46	45	44	43	42	41	31	32	33	34	35	36	37	38
B	ew	ew	rw	ew	ew	rw	ew	ew	ew	ew	rw	ew	ew	ew	ew	ew
R	E	E	R	E	E	R	E	E	E	E	R	E	E	E	E	E
TP																

II. Befunde, für Festzuschüsse

Befund Nr.	Zahn/Gebiet	Anzahl
4.3	UK	1
4.8	46, 43, 33	3

III. Kostenplanung

BEMA-Nrn. und Anzahl:	3 x 21, 3 x 90, 1 x 97 b, 1 x 98 c, 1 x 7 b, 1 x 89, 2 x 98 a

b) Lösung für einen Privatpatienten

1 x Geb.-Nr. 0030 HKP
1 x Geb.-Nr. 0060 Planungsmodelle beider Kiefer
2 x Geb.-Nr. 5170 individuelle Löffel
1 x Geb.-Nr. 5190 Funktionsabformung UK mit individuellem Löffel
3 x Geb.-Nr. 2270 Provisorium mit Abformung
3 x Geb.-Nr. 2190 gegossener Stift
3 x Geb.-Nr. 5030 Wurzelstiftkappen
3 x Geb.-Nr. 5080 Verbindungselemente (bei Wurzelstiftkappen möglich)
1 x Geb.-Nr. 5230 Cover-Denture-Prothese im UK
1 x Geb.-Nr. 4040 Herstellung der Okklusion und Artikulation
4 x Geb.-Nr. 5070 Spannen

Aufgabe 6

a) Lösung für einen Kassenpatienten

I. Befund des gesamten Gebisses/Behandlungsplan

TP																
R	E	E	E	E	E	E	E	E	E	E	E	E	E	E	E	E
B	ew	ew	ew	ew	ew	ew	ew	ew	ew	ew	ew	ew	ew	ew	ew	ew
	18	17	16	15	14	13	12	11	21	22	23	24	25	26	27	28
	48	47	46	45	44	43	42	41	31	32	33	34	35	36	37	38
B	ew	ew	ew	ew	ew	ew	ew	ew	ew	ew	ew	ew	ew	ew	ew	ew
R	E	E	E	E	E	E	E	E	E	E	E	E	E	E	E	E
TP																

II. Befunde, für Festzuschüsse

Befund Nr.	Zahn/Gebiet	Anzahl
4.2	OK	1
4.4	UK	1
4.5	UK	1
4.9	OK und UK	1

III. Kostenplanung

BEMA-Nrn. und Anzahl:	1 x 97 a, 1 x 98 b, 1 x 97 b, 1 x 98 c, 1 x 98 e, 1 x 98 d, 2 x 98 a

b) Lösung für einen Privatpatienten

1 x Geb.-Nr. 0030	HKP
1 x Geb.-Nr. 5180	Funktionsabformung OK mit individuellem Löffel
1 x Geb.-Nr. 5190	Funktionsabformung UK mit individuellem Löffel
2 x Geb.-Nr. 5170	individuelle Löffel
1 x Geb.-Nr. 5220	Totalprothese im OK
1 x Geb.-Nr. 5230	Totalprothese im UK
1 x Geb.-Nr. 8010	Stützstiftregistrierung

Kombinierte prothetische Versorgungen

Aufgabe 1

a) Lösung für einen Kassenpatienten

I. Befund des gesamten Gebisses/Behandlungsplan

TP																
R												KV	KV	B	K	
B	f				k	k						ww	ww	f	ww	f
	18	17	16	15	14	13	12	11	21	22	23	24	25	26	27	28
	48	47	46	45	44	43	42	41	31	32	33	34	35	36	37	38
B	f	f	f	x	k								x	f	f	f
R	E	E	E	E	H							H	E	E	E	E
TP																

II. Befunde, für Festzuschüsse

Befund Nr.	Zahn/Gebiet	Anzahl
1.1	24	1
1.3	24	1
2.1	25–27	1
2.7	25	1
3.1	UK	1

III. Kostenplanung

BEMA-Nrn. und Anzahl:	4 x 19,1 x 20b, 1 x 91a, 1 x 91b, 1 x 92, 1 x 96b, 1 x 98a, 1 x 98g, 1 x 98h/2

b) Lösung für einen Privatpatienten

1 x Geb.-Nr. 0030 HKP
1 x Geb.-Nr. 0050 Planungsmodell eines Kiefers
1 x Geb.-Nr. 5170 individueller Löffel
1 x Geb.-Nr. 2270 provisorische Krone auf 24
1 x Geb.-Nr. 2210 definitive Krone auf Hohlkehle
2 x Geb.-Nr. 5120 provisorische Brückenanker 25 und 27
1 x Geb.-Nr. 5140 provisorische Spanne 26
2 x Geb.-Nr. 5010 definitive Brückenanker 25 und 27 auf Hohlkehle
1 x Geb.-Nr. 5070 definitive Brückenspanne
1 x Geb.-Nr. 5210 Teilprothese im Unterkiefer
2 x Geb.-Nr. 5070 Prothesensattel im UK

Aufgabe 2

a) Lösung für einen Kassenpatienten

I. Befund des gesamten Gebisses/Behandlungsplan

TP																
R	E	E	E	E	E	E	E	E	E	E	TV	TV	E		E	E
B	ew	ew	ew	ew	ew	ew	ew	ew	ew	ew		kw	ew	) (	ew	ew
	18	17	16	15	14	13	12	11	21	22	23	24	25	26	27	28
	48	47	46	45	44	43	42	41	31	32	33	34	35	36	37	38
B	f		f									f		f	f	f
R		H	E	H							H	E	H	E	E	E
TP																

II. Befunde, für Festzuschüsse

Befund Nr.	Zahn/Gebiet	Anzahl
3.1	UK	1
4.1	OK	1
4.6	23, 24	2
4.7	23, 24	2

III. Kostenplanung

BEMA-Nrn. und Anzahl:	2 x 19, 1 x 89, 2 x 91 d, 1 x 96 b, 1 x 97 a, 1 x 98 a, 1 x 98 b, 1 x 98 g, 1 x 98 h/2

b) Lösung für einen Privatpatienten

1 x Geb.-Nr. 0030 HKP
2 x Geb.-Nr. 2270 provisorische Kronen für 23 und 24
2 x Geb.-Nr. 5040 Teleskopkronen auf 23 und 24
1 x Geb.-Nr. 5220 Cover-Denture-Prothese im OK
2 x Geb.-Nr. 5070 Spannen der Cover-Denture-Prothese im OK
1 x Geb.-Nr. 5210 Modellgussprothese mit gegossenen Halte- und Stützelementen im UK
3 x Geb.-Nr. 5070 Spannen der Teilprothese im UK
1 x Geb.-Nr. 4040 Einschleifmaßnahmen
2 x Geb.-Nr. 5170 individuelle Löffel
1 x Geb.-Nr. 5180 Funktionsabformung OK

Aufgabe 3

a) Abrechnung der konservierend/chirurgischen Behandlung bei einem Kassenpatienten

Datum TTMM	Zahn	Leistung	Bemerkungen	Datum TTMM	Zahn	Leistung	Bemerkungen
0901		01			42	43	
	18	9252	1		41	43	
		40			33	411	
		131	2			43	
	11	40			31	43	
		134	2345	1601	45	38	
		134	1245		33	38	
	22	40			28	9251	1
		131	4			40	
	26	40				48	
		132	12			9251	1
1101	23	40		2001	28	2009	
		133	435	2601	28	38	
	23	133	435	0202	14	40	
		9354	1			44	
	45	411			37	411	
		43				44	

b) HKP-Antrag für einen Kassenpatienten

I. Befund des gesamten Gebisses/Behandlungsplan

TP																
R																
B																f
	18	17	16	15	14	13	12	11	21	22	23	24	25	26	27	28
	48	47	46	45	44	43	42	41	31	32	33	34	35	36	37	38
B				f			f	f	f		f					
R			H	E	H		E	E	E		E	H				
TP																

II. Befunde für Festzuschüsse

Befund Nr.	Zahn/Gebiet	Anzahl
3.1	UK	1

III. Kostenplanung

BEMA-Nrn. und Anzahl:	1 x 7b, 1 x 98a, 1 x 96b, 1 x 98g, 1 x 98h/2	
Zahnärztliches Honorar BEMA (Stand 01.07.2012): (Punktsumme x Punktwert)	(19 + (2 x 29) + 83 + 44 + 50) x 0,7771 =	197,38 €
Zahnärztliches Honorar GOZ:		
Material- und Laborkosten (geschätzt):		255,00 €
Behandlungskosten insgesamt (geschätzt):		452,38 €

c) Liquidation für einen Privatpatienten

Dr. Fritz Müller · Zahnarzt

Dr. Fritz Müller, Zahnarzt, Buttstegge 1, 48734 Reken

Herrn
Werner Jacobs
Moselstraße 2a
66333 Völklingen

Buttstegge 1
Tel.: 02864 94920
Fax: 02864 949222

Deutsche Bank Reken
BLZ: 600 000 01
Nr.: 130 120 900

Dresdner Bank Reken
BLZ: 600 000 02
Nr.: 822 005 918

Commerzbank Reken
BLZ: 600 000 03
Nr.: 13 6322 000

Rechnung Nr. 12-0006 Original

48734 Reken, 16.07.2012

Für zahnärztliche Behandlung gestatte ich mir **1.301,22 €** in Rechnung zu stellen.

Datum	Zahn	Nr.	Leistung	Anz.	Faktor	Betrag
09.06.12		0010	Untersuchung zur Feststellung von Erkrankungen	1	2,3	12,94 €
	18, 11, 23, 26	Ä5000	Strahlendiagnostik Zähne, je Projektion	4	1,8	20,96 €
	18, 11, 22, 26	0090	Intraorale Infiltrationsanästhesie	1	2,3	7,76 €
09.06.12	18	2050	Präparieren einer Kavität, einflächig	1	2,3	27,55 €
	11	2120	Kompositfüllung in Adhäsivtechnik, mehr als dreiflächig oder Eckenaufbau	1	2,3	99,60 €
	11	2120	Kompositfüllung in Adhäsivtechnik, mehr als dreiflächig oder Eckenaufbau	1	2,3	99,60 €
	22	2060	Kompositfüllung in Adhäsivtechnik, einflächig	1	2,3	68,17 €
	26	2070	Präparieren einer Kavität, zweiflächig	1	2,3	31,30 €
11.06.12	23	0090	Intraorale Infiltrationsanästhesie	1	2,3	7,76 €
11.06.12	23	2100	Kompositfüllung in Adhäsivtechnik, dreiflächig	1	2,3	83,05 €
		Ä5004	Panoramaschichtaufnahme der Kiefer	1	1,8	41,96 €
	33, 45	0100	Intraorale Leitungsanästhesie	2	2,3	18,10 €
	33, 31–42, 45	3000	Entfernung eines einwurzeligen Zahnes/Implantats	5	2,3	45,25 €
16.06.12	33, 42, 45	3300	Nachbehandlung nach chirurgischem Eingriff	2	2,3	16,82 €
	28	Ä5000	Strahlendiagnostik Zähne, je Projektion	1	1,8	5,24 €
	28	0090	Intraorale Infiltrationsanästhesie	1	2,3	7,76 €
	28	3040	Entfernung eines retinierten/impaktierten Zahnes	1	2,3	69,85 €
16.06.12	28	Ä5000	Strahlendiagnostik Zähne, je Projektion	1	1,8	5,24 €
20.06.12	28	0080	Intraorale Oberflächenanästhesie je Kieferhälfte oder Frontzahnbereich	1	2,3	3,88 €
	28	Ä2009	Entfernung oberflächl. Fremdkörper aus Haut/Schleimh.	1	2,3	13,41 €
26.06.12	28	3300	Nachbehandlung nach chirurgischem Eingriff	1	2,3	8,41 €
02.07.12	14	0090	Intraorale Infiltrationsanästhesie	1	2,3	7,76 €
	14	3010	Entfernung eines mehrwurzeligen Zahnes	1	2,3	14,23 €
	37	0100	Intraorale Leitungsanästhesie	1	2,3	9,05 €
	37	3010	Entfernung eines mehrwurzeligen Zahnes	1	2,3	14,23 €
05.07.12	14, 28, 37, 33, 31–42, 45	3290	Kontrolle nach chirurgischem Eingriff	4	2,3	28,44 €
		0030	Aufstellung eines HuK-Plans	1	2,3	25,87 €
		0060	Abformung beider Kiefer für Situationsmodelle	1	2,3	33,63 €
05.07.12	18, 48	5170	Anatomische Abformung des Kiefers mit ind. Löffel	2	2,3	64,68 €
09.07.12		5210	Versorgung eines teilbezahnten Kiefers, Modellguss	1	2,3	181,10 €
	37, 33, 31–42, 45	5070	Brückenglieder, Stege: je Spanne oder Freiendsattel	4	2,3	206,96 €

Honorar	1.280,56 €
Praxismaterial	20,66 €
Gesamtsumme	1.301,22 €

Überweisen Sie bitte den Betrag bis zum 15.08.2012 mit Angabe von Rechnungsnummer und Rechnungsdatum auf eines der genannten Konten.